Jacques Rolland

LES GRANDS INITIÉS DE L'ÉGYPTE ANCIENNE

Thot

Osiris

Horus

Imhotep

Khéops

*O*MNIA VERITAS.

Jacques Rolland

Les grands initiés de l'Égypte ancienne

Publié par
Omnia Veritas Ltd

OMNIA VERITAS®

www.omnia-veritas.com

© Omnia Veritas Ltd – Jacques Rolland – 2019

Tous droits réservés. Aucune partie de cette publication ne peut être reproduite par quelque moyen que ce soit sans la permission préalable de l'éditeur. Le code de la propriété intellectuelle interdit les copies ou reproductions destinées à une utilisation collective. Toute représentation ou reproduction intégrale ou partielle faite par quelque procédé que ce soit, sans le consentement de l'éditeur, de l'auteur ou de leur ayants cause, est illicite et constitue une contrefaçon sanctionnée par les articles L-335-2 et suivants du Code de la propriété intellectuelle.

Table des matières

CHAPITRE I 9
   UNE CIVILISATION INÉDITE 9

CHAPITRE II 13
   LES DIEUX ÉGYPTIENS ANCESTRAUX OU L'ORIGINE DIVINE DE LA
   CIVILISATION ÉGYPTIENNE ? 13
      Qui étaient vraiment ces dieux ? *14*
      Lesquelles ? *15*
      Pourquoi ? *15*

CHAPITRE III 26
   QU'EST-CE QU'UN INITIÉ ? 26

CHAPITRE IV 37
   THOT 37

CHAPITRE V 41
   LES ORIGINES DE LA CIVILISATION ÉGYPTIENNE 41

CHAPITRE VI 50
   ASTRONOMIE – ASTROLOGIE 50
      Les Dieux et les Déesses dans l'Astrologie *51*

CHAPITRE VII 57
   UN GRAND INITIÉ… MAIS PAS SEULEMENT : OSIRIS 57

CHAPITRE VIII 63
   LE NIL 63

CHAPITRE IX 69
   L'IMMOBILITÉ DE L'ÉTERNITÉ 69
      Paradis Terrestre et Formations dans le Ciel *71*
      Le lieu où se trouve l'Au-delà *73*

CHAPITRE X 74
   L'INITIATION ET LE MYTHE 74

CHAPITRE XI 80

LE PASSAGE DES DYNASTIES DIVINES AUX DYNASTIES HUMAINES 80

CHAPITRE XII **85**
HORUS UN GRAND INITIÉ 85
  L'Oudjat d'Horus *85*

CHAPITRE XIII **89**
LE LIVRE DES MORTS 89

CHAPITRE XIV **92**
LA CONSTRUCTION DES GRANDS MONUMENTS 92
  La vie n'étant jamais née : ne saurait mourir. *92*

CHAPITRE XV **99**
LE DÉCHIFFREMENT DES HIÉROGLYPHES 99

CHAPITRE XVI **103**
IMHOTEP 103

CHAPITRE XVII **106**
ACCUEILLIR L'INVISIBLE 106

CHAPITRE XVIII **111**
DRAME DANS LE CIEL ET DRAME SUR TERRE 111

CHAPITRE XIX **117**
SENS DE LA GRANDE PYRAMIDE 117

CHAPITRE XX **121**
LA NOSTALGIE DES ORIGINES 121
  L'Amenta *127*

CHAPITRE XXI **133**
ILS ONT INVENTÉ UN MONDE 133
  Analyse *134*

CHAPITRE XXII **136**
UN SPIRITUEL CONCRET 136

CHAPITRE XXIII **142**
LES SUIVANTS D'HORUS EN TANT QU'INITIÉS 142

CHAPITRE XXIV **146**

MAGIE	146
CHAPITRE XXV	**153**
KHÉOPS FUT-IL, À SON TOUR, UN GRAND INITIÉ ?	153
CHAPITRE XXVI	**162**
LES ANOMALIES	162
Sphinx plus Pyramides	*162*
CHAPITRE XXVII	**169**
L'ÉNIGME DU SPHINX	169
Pourquoi cette gigantesque statue est-elle si étrange ?	*173*
CHAPITRE XXVIII	**178**
LES TEXTES DES PYRAMIDES	178
CONCLUSION	**181**
SOURCES BIBLIOGRAPHIQUES	**183**
DU MÊME AUTEUR	**185**

CHAPITRE I

Une civilisation inédite

La réalité de la civilisation égyptienne, que l'on date de plusieurs milliers d'années révèle, en elle, des profondeurs de structures aussi longtemps insoupçonnées qu'elles sont aujourd'hui indéniables.

Ces structures, ramenées rapidement en une architecture mégalithique, un Au-delà, invérifiable, et une écriture d'une complexité étonnante, font partie de l'Univers égyptien, en expansion, qui les a seules, rendues possibles.

En analysant l'Histoire de l'Égypte, d'il y a 5.000 ans de nos jours, on s'aperçoit avec fascination et vertige qu'une civilisation des plus étranges, totalement inédite, et vraiment inouïe, s'est insidieusement insérée dans la IVème dynastie, celle attribuée à Khéops.

Le point de départ a pu en être le tertre primordial -ce que les égyptiens nommaient « la Première Fois »- émergé des eaux, un triangle isocèle ou équilatéral avec son point ultime qui fera qualifier cet Espace/Temps novateur, de **Temps Conique**.

Bien sûr, il y eut quelques balbutiements avant, et quelques « ratés » après cette IVème dynastie, à nulle autre pareille.

Mais une architecture mégalithique, inégalée dans le monde d'alors, est apparue avec une Grande Pyramide de 140 mètres de hauteur, mais **vide** à l'intérieur.

Car, entre le plateau rocheux et 40 mètres de hauteur, celle de la chambre du Roi il y a 2.000 m^3 de vide. Qu'il s'agisse des chambres souterraines, de la Reine, du Roi, des couloirs et corridors plus ou moins secrets, et surtout de la Grande Galerie qui, elle seule, fait 50 mètres de longueur, 8 mètres de hauteur et 6 mètres de largeur. Et sans que les 100 mètres au-dessus ne s'écroulent sur ce vide.

Nous ajouterons qu'aussitôt après jamais les égyptiens ne réussiront à construire pareille pyramide, mais chose plus singulière, jamais avant, non plus. C'est dire par là qu'il n'y eut aucun essai préalable.

Cette civilisation apparaît soudainement sans préalable, et va disparaître tout aussi brusquement.

Corrélativement à ces trois points majeurs, va émerger l'idée de **Nation**, c'est-à-dire un état centralisateur fort, basé sur le **spirituel**, c'est-à-dire un pharaon héritier des dynasties divines qui régnèrent sur cette terre noire et rouge.

Les couleurs du drapeau égyptien.

Quel serait donc le secret de cette création ex-nihilo capable d'ouvrager à ce point la Matière -le défi lancé à la pierre comme à la mort. Une pyramide de plus de 140 mètres de hauteur, si on y inclut la chambre souterraine et une écriture, longtemps inintelligible.

De plus, vivre dans l'Au-delà -déjà terrestrement- et d'une façon totalement différente, présuppose nécessairement non un corps physique susceptible de le faire, mais une conscience des plus aigus s'exprimant par des formes qui nous sont étrangères, car inédites.

Dès lors, quelle que soit la réalité donnée à la Matière -par opposition à l'Esprit- c'est lui conférer une singulière option spirituelle. Tout est double en terre d'Égypte, à commencer par ce duo Esprit/Matière, avec un dedans et un dehors, à la manière des fausses portes.

Réussir à traverser la mort sans qu'elle affecte aucun des organes vivants du défunt, qu'il s'agisse de son Ka, de son Ombre, de son nom, voilà le devoir de tout initié et sa fonction ultime. Il a bien fallu concevoir, et mettre au point, une **mystique de traversée**, bien au-delà d'un simple mystique de contemplation de l'éternité.

Mais qu'en est-il de ces Initiés ?

Diverses hypothèses se succèdent pour témoigner de l'apparition d'une singulière civilisation à l'intérieur de la IVème dynastie. À partir d'entités venues d'ailleurs ?

Ces entités ont pu former en elles, un jour, la projection d'une pyramide phénoménale. Dans ces conditions, plus une civilisation -celle à l'intérieur de la IVème dynastie, est élevée dans la durée, une centaine d'années- plus elle a ramassé dans une assise solide une très grande diversité de perspectives : architecture mégalithique mais creuse, un Au-delà parfaitement personnifié, et une écriture à base de vibrations venues du fond de l'Univers. Peut-on parler alors d'appels entendus ou d'influences subies ?

Ainsi, le crédo solaire des pyramides, loin d'être abandonné, nous indique que ramer au ciel dans la barque de Ré, c'est toujours vivre de lumière.

De même que le défunt laisse glisser au gré du courant –mer ou fleuve- sa « barque », de même il faut suivre dans le Livre des Morts, à son discours, les méandres sinueux de ses visions au point de les rendre incompréhensible pour nous.

L'état émotionnel du récitant -prêtre et/ou défunt- oscille perpétuellement : il s'affirme dieu, voire supérieur à tous les autres dieux, mais il supplie simultanément les dieux de le secourir, s'humilie invraisemblablement et ne cache pas son désespoir, son désarroi en face d'innombrables démons. Le but premier : ne pas subir la deuxième mort qui serait le châtiment le plus terrifiant.

Puis-je entrer dans la Région des Morts.

Et en **sortir**, selon mon gré[1].

La mort serait donc l'initiation suprême et ultime. Le défunt va devenir « autre », tout en restant lui-même. Les obédiences maçonniques ne disent pas autre chose d'ailleurs. En grec, il existe même un jeu de mots entre « Teleisthain » -initiation- et Teleuton » -mort-.

La mort physique est donc seulement un rite de passage vers une condition supérieure et la mort, dite « initiatique » est un gage de l'immortalité de l'âme, donc bien l'anéantissement de la première mort.

---

[1] Chapitre 18. *Livre des Morts*, p. 143.

CHAPITRE II

Les dieux égyptiens ancestraux
ou
L'origine divine de la civilisation égyptienne ?

Mariette a écrit : « En Égypte, la question de l'âge de pierre -aisément résolue dans d'autres civilisations- correspond à une période historique sans pareille dans le monde entier »[2].

Personne ne peut établir à partir de quel processus psychique s'est produite l'interaction entre l'intelligence et la Foi, dans l'Égypte des premiers temps.

Pour obtenir une telle prescience, à la limite une telle connaissance de l'Au-delà, et du royaume ancien d'où ils étaient peut-être venus, il a bien fallu que l'intelligence interroge la Foi et que la Foi lui suggère, lui soumette, des réponses qui furent une fois pour toute adoptées pendant des millénaires.

Sans l'Au-delà, l'Égypte est incompréhensible. À lui seul il l'explique et l'éclaire d'un jour totalement inattendu. S'attarder sur un monument, un fait, un évènement, un

---

[2] A. Mariette :   – *Des dieux et des Tombeaux*
    – *Description de Dendérah*

prince, une maison, c'est de l'histoire classique, propre à toutes les civilisations.

Après l'étude des civilisations, à l'origine de la Grèce, celle à l'origine des sumériens, il faut bien admettre et conclure que malgré le brillant, l'éclat, des manifestations les entourant, **jamais** elles n'eurent de l'Au-delà une telle **connaissance**. Nous n'avons chez elles aucun livre comparable aux *Textes des Pyramides*, et ou, *Livre des Morts*.

Par ailleurs, l'ignorance dans laquelle nous nous trouvons, relative à l'origine des origines de l'Égypte, a permis les hypothèses les plus extravagantes.

Il en est une que nous souhaitons présenter concernant les dieux égyptiens qui régnèrent sur cette terre et dont parlent toutes les chronologies. Des dieux non-humains ou alors à tête d'animal ou l'inverse, c'est-à-dire un corps d'animal avec un visage humain.

Et cette chronologie est très stricte, très vivante. Nous y retrouvons, bien sûr, Osiris, mais Ptah, Thot, des noms qui nous sont familiers.

Des dieux également vêtus, d'air, dotés de pouvoirs supranormaux et qui, un jour, confièrent ce royaume à des hommes.

Qui étaient vraiment ces dieux ?

Le Nil joua un rôle déterminant dans ce contexte historique.

Fut-il, comme le croient et l'admettent les « anciens », fabriqué par les hommes, détourné de son cours initial pour des raisons parfaitement compréhensibles ?

Lesquelles ?

La Grande Pyramide de Khéops, si elle demeure une énigme, est la seule de toutes les pyramides du monde à être creuse : 2.000 m^3 de vide se trouvent recensés à l'intérieur, et sans que des blocs de granite de plus de 60 tonnes les recouvrant ne s'écrasent sur eux.

Pourquoi ?

Nous serons ainsi amenés à décrypter très souvent le Livre des Morts et les Textes des Pyramides, pour rechercher précisément les raisons et les causes ayant prévalu à l'origine des origines.

Pour écrire les dieux, les hiéroglyphes dessinaient trois fois le signe du divin NTR suivi de trois traits.

Si les religions monothéistes contemporaines, se rattachent à des notions et à des dogmes dépassés, elles sont, à coup sûr, des freins à tout élan de civilisation, c'est-à-dire l'ouverture sur le Progrès. C'est strictement l'inverse en Égypte il y a plus de cinq millénaires.

La science sacrée égyptienne s'est d'abord appuyée sur l'astronomie, d'abord pour déterminer les temps exigés pour toutes activités afin de les observer scrupuleusement, ensuite pour vérifier et attester des influences cosmiques sur le comportement des personnes.

La mythologie voyait bien le rapport entre un défunt et les constellations, mais encore fallait-il qu'elle puisse utiliser les notions, même primaires, d'astronomie pour se fier aux astres. D'ailleurs, ce fut régulièrement l'usage de placer des tables astronomiques dans le tombeau de certains princes. Le calendrier devint ainsi l'armature chronologique quasi indispensable à la vie quotidienne égyptienne.

Curieusement, si nous venons d'évoquer les cartes astronomiques, cela nous entraîne à parler simultanément de la cartographie tout court, c'est-à-dire de la géographie. Personne ne sera étonné d'apprendre qu'il s'agissait plus d'une géographie fascinante de l'Au-delà, et en particulier « Le live des deux chemins ».

La véritable cartographie géographique dut attendre l'époque ramesside pour signifier une route commerciale, ainsi que celle des mines d'or.

Par voie de conséquence, si la vie quotidienne de l'Égypte fut, dès le départ, étroitement mêlée à des considérations religieuses ou sacrées, ce fut notamment le cas pour l'architecture où l'influence du culte des dieux ou des pharaons divinisés, se manifesta le plus nettement.

L'astrophysique contemporaine peut résumer ainsi l'évolution de l'Univers. Formé il y a environ 14/16 milliards d'Années Lumières, l'Univers a subi une évolution majeure. Suite à une fusion nucléaire de l'hydrogène en hélium, le soleil se forma, tout en laissant de la matière dispersée autour de lui, d'où émergea, par la suite, la Terre.

La présence de la Lune serait dû, alternativement, à des morceaux de terre s'en trouvant séparés par le choc d'un immense astéroïde -par exemple Théia-, ou simplement dus à la rotation de notre planète.

Quoi qu'il en soit, la Terre est la seule planète du système solaire ayant pour satellite l'actuelle Lune qui, par ailleurs, s'éloigne de plus en plus de nous. L'hypothèse, par ailleurs, d'un océan magnétique lunaire aurait été mise en évidence par les roches rapportées par la mission Apollo II.

Ces points sont mis en correspondance ou en coïncidence avec les Textes du Livre des Morts ou les Textes des Pyramides parlant de la séparation de la Terre et du Soleil, et ensuite de celle de la Lune de la Terre. De plus, la mer dans laquelle Seth aurait jeté, dans un coffre le corps d'Osiris, pourrait très bien être cet océan magnétique lunaire.

Par contre, nul ne peut indiquer comment les égyptiens de l'époque pré-dynastique, ont pu avoir connaissance de cette évolution de l'Univers, attestée et confirmée seulement depuis quelques dizaines d'années.

Exemple :

- les dieux du fractionnement de l'Univers se trouvent à ses côtés (Chapitre CXXXI)
- où le ciel fut créé pour moi, et où la Terre lui fut séparée (Chapitre XLII)

et plus loin, toujours dans le même chapitre :

- les êtres nés du ciel
- et ceux nés de la Terre.

Pour les Textes des Pyramides, le plus important et significatif est sans nul doute le 1208 c, qui parle de la séparation du ciel et de la terre et où les dieux montèrent au ciel ou y retournèrent.

Le point de départ en fut la triade Soleil/Terre/Lune, qui se trouve dispersée du fait de l'évolution de l'Univers.

De cela, en avons-nous conscience aujourd'hui ?

Bien évidemment, par l'astrophysique qui, chaque jour, procède à des découvertes majeures à partir du Big Bang.

Mais, alors, comment se fait-il que les égyptiens des premiers âges en eurent, eux aussi, la conscience très nette et, partant, la connaissance ?

La formation des êtres vivants a dû intriguer l'égyptien des anciennes époques. Il lui arrivait de voir, dans la mer rouge, des poissons luminescents, même non totalement formés, hésitant en quelque sorte sur leur évolution.

Pouvait-il alors s'imaginer que ces poissons pouvaient être les restes décadents de formes humaines primitives ?

De nos jours, rappelons-le, il existe dans l'Univers des contrées d'Espace/Temps en avance ou en retard les unes aux autres par suite de l'évolution non-uniforme de cet Univers. La même chose se produira pour les « humanités » pouvant exister dans l'Espace/Temps, s'il y a eu précisément des planètes -du type Terre- en avance ou en retard par rapport à d'autres.

Il serait trop facile -et prêterait assurément à rire- que d'écrire que les âmes des premiers hommes des premières générations leur survécurent. Et pourtant, il faut faire l'effort d'admettre ce concept très ancien.

Il faut d'abord souligner que les rites d'embaumement, étudiés dans cet ouvrage, avaient vraisemblablement pour raison de permettre -du seul point de vue de l'égyptien d'alors- à l'âme de conserver, en un certain état, le corps qu'elle avait habité. De nos jours, on vient d'accepter, à partir d'une momie conservée à Turin, que les rites d'embaumements pouvaient être antérieurs, à plus ou moins 4.000 ans avant Jésus Christ.

Et le plus longtemps possible, avant de passer, par étapes successives, dans d'autres corps. Et précisément dans celui de ce même égyptien, même plusieurs millénaires plus tard.

D'ailleurs, si on place, à certains endroits rituellement choisis, les deux luminaires du Soleil et de la Lune, dans les sociétés à mystères, ce n'est pas anodin du tout.

Donc, le premier homme étant mort, son âme lui survécu et retrouva sa place. Mais l'homme lui succédant en conserva la nostalgie.

C'est pourquoi on parle de souvenirs très vivants, très présents, alors que les évènements, étant survenus, étaient vieux de milliers d'années.

Les dieux ancestraux de l'Égypte nous sont connus depuis la plus haute antiquité, en raison des innombrables témoignages reçus sur des stèles des temples et bien sûr des pyramides.

Pourtant, malgré cette apparente richesse, très excessive, il faut en convenir, l'origine exacte de ces dieux nous est inconnue. Car il nous faut soigneusement et scrupuleusement différencier les dieux de l'origine de l'Univers des dieux, dits ancestraux plus simplement, et qui, eux, régnèrent sur la terre d'Égypte.

Contrairement à nos époques modernes, la « religion » égyptienne n'était pas basée sur la croyance en un dieu unique ou dans une généalogie de dieux créateurs, mais bien plutôt dans le culte de ces dieux ancestraux. Sans insister sur cette différence ni entre celle des dieux de l'Univers et ceux qui gouvernèrent l'Égypte, nous devons toutefois la signaler car elle risque de tromper les amateurs de l'histoire égyptienne.

À nouveau se pose l'éternel problème. Qu'est-ce qui a pu faire croire aux égyptiens -et nous retrouvons ici le même problème que l'Au-delà, que des dieux, venus du ciel aussi, ont pu valablement, et surtout, durablement régner sur l'Égypte ?

Nous allons étudier Osiris/Seth/Horus. Les concernant il existe une confusion entre leur existence dans les cieux et leurs vies terrestres, car les égyptiens, une fois de plus, n'hésitèrent pas à les confondre. Au besoin sans s'en formaliser le moins du monde, les dieux pouvaient, à leur guise, aller et venir, sur terre et dans le reste de l'Univers.

Car une mythologie des dieux primordiaux, ainsi qu'une cosmogonie, existe tout autant qu'une généalogie des dieux ancestraux répertoriés suivant un âge et une temporalité bien établie. Et là, il ne s'agit pas du tout de mythologie, mais bel et bien d'histoire.

À la limite, on pourrait concevoir et accepter qu'en dehors de la cosmogonie, les égyptiens ont vénéré ce que l'on pourrait nommer des dieux locaux, par exemple Anubis, Hathor, Horus, à nouveau Isis, Ptah, dont il sera beaucoup question, et bien sûr Thot.

Certains égyptologues, pour se débarrasser de cette encombrante distinction, préfèrent utiliser le terme de demi-dieux ou de héros, ou de génies, car il leur est difficile, voire impossible d'invoquer que des dieux, des dieux véritables, des entités purement spirituelles, aient pu un jour régner sur l'Égypte.

Prenons l'exemple d'un dieu « agricole » : Hâpy, le dieu du Nil, Nepri, le dieu du grain. Ils sont respectés, vénérés, implorés, méprisés lorsque cela va mal... Bref, des boucs émissaires.

Mais qu'en est-il des héros, dont il vient d'être question, et plus encore des héros divinisés ?

Des découvertes récentes ont permis de constater qu'à la fin de l'Ancien Empire -qui est l'époque étudiée plus particulièrement dans cet ouvrage- Isis à Edfou, et Hekayat à Éléphantine, reçurent un culte populaire[3].

Pour conclure provisoirement cette liste des dieux ancestraux, considérons les animaux sacrés à qui un culte très particulier est voué. Ces animaux, vivants, étaient considérés comme des incarnations de divinités. Parmi eux le taureau Api, incarnation de Ptah à Memphis, le crocodile Sobek dans le Fayoum, la chatte Bastet à Bubastis.

Peut-on, à présent, aborder l'épineux problème de la corrélation entre les dieux ancestraux, c'est-à-dire venus des cieux, et des circonstances politiques particulières ayant pu les engendrer ?

---

[3] Drioton-Vandier, *L'Égypte des origines à Alexandrie*, PUF, p. 77.

À commencer par telle ou telle emprise du clergé quelquefois sur la monarchie -à l'exemple de ce qui se produisit dès la Vème dynastie-. Mais le traditionalisme avéré de la pensée religieuse balaya ouvertement toute tentative sécessionniste de ce genre. Ainsi du culte d'Osiris qui eut, un certain temps, une période noire où il fut occulté, mais pour revenir plus vivant et actuel que jamais.

Ptah, à l'évidence, occupe une place prédominante dans ce concert curieux des dieux de l'origine des temps égyptiens et, avec lui, l'adoption plus ou moins définitive de la croyance héliopolitainne comme doctrine officielle, c'est-à-dire un certain monothéisme, celui du dieu Râ, vainqueur des crues du Nil.

Il est donc très intéressant de noter que la plus ancienne cosmogénèse égyptienne, connue jusqu'à présent, soit aussi la plus métaphysique, car Ptah créé par son esprit et son verbe.

L'originalité du culte des dieux dits immémoriaux est qu'il est très étroitement lié au principe d'une dynastie et d'une dynastie monarchique. Selon toutes les légendes, les dieux auraient régné sur la terre d'Égypte avant de s'en retourner au ciel ou d'y aller pour la fameuse première fois.

Ainsi peut-on concevoir des entités spirituelles dotées de pouvoirs effectivement surnaturels et supranormaux, voire terrestrement avant de se dissoudre en un corps physique puis éthéré, et enfin de repartir et monter vers les cieux.

Nous reconnaissons, bien volontiers, l'étonnante ambiguïté de ce qui vient d'être écrit, et la volontaire atmosphère d'illogisme et d'irréalité qu'elle détient.

Or, toutes les listes royales, à commencer par le célèbre Papyrus de Turin, pourtant fort émietté, mais que Champollion a pu déchiffrer avant que certains morceaux ne tombent en poussière et ne puissent être recadrés avec d'autres, toutes ces listes précisent bien le nombre d'années de leur règne.

Pour mémoire le dernier de ces dieux -à la limite d'un dieu créateur et d'une divinité purement terrestre- fut un des derniers laissant la succession à Horus. Horus dont tous les pharaons s'approprieront désormais le nom, en addition au leur.

Remarquons de plus que sous l'Ancien Empire et jusqu'à la fin de la IVème dynastie, tous les pharaons accolèrent à leurs noms « le grand dieu » à simplement « Dieu ».

Les luttes entre les dieux, les combats dans les cieux, la victoire de l'un ou de l'autre, se trouvent exprimés, sur le plan terrestre, par la lutte entre le Nord et le Sud. Au départ, ce sera le Sud qui l'emportera.

Des documents trouvés à Hiérakonpolis paraissent l'attester, et ce, à partir de la tête de massue du célèbre Roi Scorpion, tête sur laquelle se trouveraient gravés, représentant le dessus pris par les nomes -ou régions- de la Haute Égypte sur celle du Delta.

C'est la même stèle qui, du même coup, a retenu notre attention, car le Roi Scorpion paraît creuser un canal ou le lit d'un fleuve. Des esclaves, ou fellahs, emportent dans des sacs ou couffins la terre ainsi extraite. Puis une scène de réjouissance suit où des femmes paraissent esquisser des pas de danse.

Cette victoire paraît refléter d'abord une tentative de réunification entre deux clans, voire même deux entités distinctes, et les rois ensuite, procéder à l'amélioration de l'état économique de ce pays en dessinant -mais c'est nous qui l'écrivons-le nouveau cours du Nil.

Cours destiné à renforcer la richesse économique par le débit des crues alluvionnaire.

Puis Narmer -avec ou sans Ménès, car on parvient à les confondre dans leur identité- va lui succéder. Mais c'en est fini à présent avec les dieux ancestraux, sauf à considérer que le Roi Scorpion a peut-être été un de ces héros divinisé, dont il a été question, par son acte d'unification. Avec toujours la présence du dieu faucon, preuve de la succession bien établie des royautés divinisées.

On parlera, à présent, de Djéser, de la IIIème dynastie, pour signifier que son véritable nom fut Neterierkhet, qui veut dire « plus divin que le corps des dieux », ce qui laisse libre cours à une évaluation plus exacte.

Or, Manéthon, l'historien gréco-égyptien, fait débuter avec lui cette IIIème dynastie où l'on remarque simplement l'allusion aux dieux d'une façon assez elliptique d'ailleurs.

Mais, alors pourquoi, dans la plupart des manuels, reconnaît-on à Imhotep, son génial architecte, la qualité de dieu ?

Le crâne rasé, vêtu d'une longue robe, dissimulant sur ses genoux un papyrus, on attribuera à Imhotep, même beaucoup plus tardivement -et ce sera encore le cas à l'époque ptolémaïque- une origine divine.

Et, à l'évidence, c'est bien par l'art architectural, unique au monde, que des hommes, des pharaons passèrent à la postérité sous la qualification de divinité. Mais, plus rien à faire avec les dieux ancestraux.

« Toutes ces constructions postulent une civilisation très « avancée, dont l'apogée n'a pu se produire que dans un état « fort et indiscuté et par des rois réellement conscients de « leur grandeur »[4].

---

[4] Op. cite. p. 170.

CHAPITRE III

Qu'est-ce qu'un Initié ?

La définition la plus convaincante nous est donnée par le Livre des Morts (al. LXIV) :

« Je suis l'Hier, je suis l'Aujourd'hui, je suis le Demain,
« c'est-à-dire un être absolu ».

Est-il pour autant un être en voie de divinisation ou un être égal aux dieux ? N'est-il pas exact d'écrire que certains évènements d'ordre cosmique -dont nous sommes témoins, même aujourd'hui- n'ont pu avoir lieu que par l'intermédiaire ou l'entremise d'êtres en cours de formation humaine -c'est-à-dire terrestre-ayant un haut degré au niveau spirituel ? Donc se manifestant dans un certain nombre de sphères s'entrecroisant.

S'entrecroisant car le Passé/le Présent/le Futur sont pareillement, non des Temps, mais des Espaces et, de plus, pour l'Égypte Ancienne, il n'existe pas de cause à un effet, sinon une succession d'état-lieux.

Un initié se devait de posséder une certaine expérience de la **nécrosophie**, cette « science » susceptible de recréer une vie insoupçonnée. Dès lors, le Livre des Morts, correctement interprété, devenait un véritable passeport pour l'Au-delà.

Paradoxalement il existe un contre-sens entre le titre, plus ou moins exact -si correctement traduit- « la Sortie vers la Lumière » et le contenu des Textes qui ne décrivent que la vie après la mort.

On comprend pareillement que des égyptologues, des plus sérieux, n'aient pas pris en compte la mentalité inabordable -pour eux- des paroles du Mort. Qu'il s'agisse du défunt, d'un dieu, de Thot, etc...

Simplement un Initié, quelle que soit sa sphère d'activité et sa doctrine ésotérique, paraît vivre dans un monde qui n'est plus le sien. Il vit certes dans ce monde terrestre, mais s'agissant bien sûr d'initiation, il l'a « **réorienté** ».

Et la vie dans l'Au-delà ?

Il faut bien concevoir qu'un Initié, du type égyptien des toutes premières générations, n'a strictement rien à voir avec un membre d'une société ésotérique de nos jours quel que soit son degré d'initiation ou sa fonction.

Même à la fin du Nouvel Empire, pourtant friand d'une séparation avec le clergé et les divinités jusqu'alors vénérées, il y eut des rituels d'initiation dans des temples spécialement réservés, des cérémonies d'adoubement, de rites de passage et un enseignement doctrinal.

Tout cela est apparu fort certainement dans les mystères d'Éleusis, ou à partir de Mithra, à l'image des rites reconnus de l'armée romaine.

Ensuite, toutes les civilisations, quel que soit leur degré d'avancement ou leur maturité spirituelle, ont eu, dans leur jeunesse, des rites de passage, d'un âge ou autre, de rituels d'initiation et des livres d'endoctrinement.

Cependant, pour l'Égypte, nous devons reconnaître qu'il y eut, à partir de la fin de l'Ancien Empire, deux lieux reconnus non pas comme centre d'initiation mais en quelque sorte de mémorial par des divinités disparues, à commencer par Osiris.

Toutefois des centres d'initiation ont pu apparaître, çà et là, dirigés par les « descendants » des initiés afin, précisément, que la mémoire ne disparaisse point.

De quelle initiation pouvait-il s'agir ?

Un enseignement doctrinal des plus classiques ?

Ou plutôt un renouvellement de conscience ?

Par exemple sous la restitution d'une **pensée-image**, que fut la clef de voûte de leur existence, les renvoyant ainsi, non au royaume des morts, mais au lieu de leur véritable origine.

Un royaume perdu, qu'il s'agissait de retrouver, d'où la vertigineuse pensée-image d'un Au-delà retrouvé : d'où les constructions mégalithiques, souvenir de ce lointain passé et d'une brillante civilisation.

Il s'agit, tout d'abord, d'Abydos, non loin de Thèbes et de Busiris dans le delta. Busiris signifie en hiéroglyphe : Per Ousir, c'est-à-dire la naissance d'Osiris. De là, la perpétuation, depuis les époques les plus primitives jusqu'au règne de Cléopâtre des Mystères d'Osiris.

Il ne reste malheureusement plus rien de ces deux villes témoins de centaines manifestations, lesquelles se traduisirent même par la répétition des fêtes annuelles et traditionnelles.

Par initié nous entendons également des êtres dotés de certains pouvoirs pouvant être qualifiés de supranormaux. À commencer par une véritable anamnèse qui n'est autre que la mémoire de toutes les autres mémoires.

Bref, un être qui se souvient d'évènement ayant eut lieu dans un fort lointain passé et comme devant inexorablement survenir à nouveau pour que l'Univers soit en ordre de marche la restitution de ce type d'évènements, ou batailles.

Plus vraisemblablement l'architecture, la conception de l'évolution du monde, à commencer par celle de la terre, lui permettant de posséder une connaissance des faits, lieux, personnes, activités, bien au-dessus du savoir normal.

Par là, se trouverait expliqué l'absence de toute école d'architecture, d'observatoires, comme ceux des Andes, des bibliothèques, comme la B.N.F. où se trouveraient recensés et annotés des milliers de documents plus techniques les uns que les autres, tels des manuels d'astrophysique, pour ne pas dire d'astronomie, de dessins d'une architecture mégalithique et oh combien irrationnelle -toujours à nos yeux du XXIème siècle- etc…

La passation de cette connaissance était-elle simplement un rite de passage d'un adepte ou un impétrant ?

Cela signifierait une école d'initiation, un lieu pour son enseignement, des actes dont on aurait retiré les formulations.

Rien de tout cela.

Qu'est-ce que cela signifie ?

Plusieurs points à examiner.

Cet homme, ces hommes, si on admet qu'ils furent cependant quelques dizaines, mais guère plus, ont vécu aux tout premiers temps des dynasties, à commencer par les « divines » ou sur la fin de celle-ci.

Ce ne furent ni des dieux, ni des demi-dieux, ni des géants, encore moins des héros.

Ils furent d'abord à un stade plus ou moins terminal de l'évolution humaine par rapport à la venue des dieux sur terre, si on admet cette hypothèse sur les origines.

Encore mal formés, physiquement parlant, -un peu à la manière de certains poissons, comme on en découvre parfois au fond des océans-. Bref, en voie de formation physique, mais titulaire d'un grand cerveau capable d'entendre, de voir, de percevoir ce que l'homme normal, quelques siècle plus tard, ne pourra jamais atteindre comme faculté. Et que seuls des animaux possèdent au plus haut point.

Supraterrestre conviendrait mieux à supranaturel pour définir leurs activités psychique doublés d'une extraordinaire intelligence, pratique celle-ci.

Nous avons écrit, par ailleurs, qu'ils pouvaient parfaitement imaginer dans leur tête des monuments mégalithiques pour ne pas les voir véritablement apparaître sous leur yeux. Avec des différences chronologiques très importantes, par exemple la Grande Pyramide de Khéops et les statues de l'Île de Pâques. Des millénaires les séparent bien, cependant.

Ces hommes, rares en tout çà, sur ce globe, pouvant parfaitement correspondre entre eux, mentalement, même si des siècles et d'espaces les séparaient. Ce qui contribue à l'idée des mondes séparés et des contrées de l'Univers en avance ou en retard par rapport à d'autres.

Ils finirent lentement formés, humains au gré de l'évolution. Puis les dieux disparurent, repartirent d'où ils étaient venus, toujours vêtus d'air, sauf à revêtir des formes plus ou plus animales pour se faire reconnaître par les hommes plus ou moins primitifs d'alors. Ce fut la fin des dynasties divines, arriva le règne d'Osiris.

Dieu ou grand homme politique. Nul ne le sait, et Thot n'est plus là pour nous conseiller et nous mettre sur la voie. Toujours est-il qu'Osiris influença, à un point inimaginable, la destinée toute entière de l'Égypte. Il ne fut jamais oublié, son fils Horus non plus, puisque la plupart des premiers pharaons non seulement se firent statufier avec un faucon sur la nique et qu'ils doublèrent leur nom de celui d'Horus.

Ces initiés vécurent ainsi parmi les premiers égyptiens. Peut-être furent-ils rejoints par des survivants de civilisations disparues, les mêmes que celles qui étaient en train de s'édifier de chaque côté du Nil. Survivants veut dire aussi d'autres initiés venus des restes des continents engloutis soit par les flots, soit par le désert.

Et la vie dans l'Au-delà d'où ils semblaient venir et repartir ?

Comment peuvent-ils nous la démontrer ?

Ils ne peuvent pas le faire, car l'idée ne leur en est même pas venue à l'esprit.

Pour ces initiés, la vie dans l'Au-delà **est** tout simplement. Ils ne vont certes pas commencer par nous la justifier, ils n'y penseraient même pas. De plus, ils se contentent de la vivre ici-bas, en s'y préparant le plus ardemment possible.

Peut-être un élément de réponse, repris dans le Livre des Morts nous est fourni. Le mort git immobile. Mais il parle. Et ce qu'il dit est important. Quelque chose ou quelqu'un vient de l'abandonner. Mais, le charme n'est pas rompu pour autant.

Et tout ceci se trouve étroitement caché et protégé par tout un lot d'amulettes, autant de bandelettes enduites de parfums, portant des étiquettes de recommandations pour le monde à venir.

Lorsqu'il est dit que Khéops -le Pharaon- a **fait mourir la mort,** lorsqu'il a vaincu les irrésistibles et incontrôlables crues du Nil amenant la mort de milliers d'individus, **on** reprend à nouveau les incantations célèbres. Faire mourir la mort c'est, enfin, ouvrir la deuxième porte. Maîtriser les crues du Nil, c'était assurément une résurrection victorieuse, préfiguratrice de la deuxième porte.

L'allusion au corps démembré, brisé, éparpillé d'Osiris est le reflet de cette victoire obtenue sur le Nil. Victoire d'autant plus glorieuse et admirable que les égyptiens –et nous-mêmes jusqu'au XIXème siècle- ne comprenions pas comment il pouvait y avoir des crues si abondantes, en plein été, et dans un pays où il ne pleuvait jamais et où il n'y avait pas de glacier ou de pics enneigés.

Ces initiés, s'ils s'interrogeaient valablement sur le drame d'Osiris, pouvaient normalement l'imputer, ou en rendre responsable Thot, qui, dit-on, laissa faire. Or, Osiris n'était pas dénué de pouvoirs, au pluriel, singulièrement supérieurs à son dieu-frère, Seth.

Dès lors, se posait la question : Et si Osiris avait accepté d'être vaincu ? Un peu, toutes proportions gardées, à la manière d'Hiram, dans les mystères maçonniques. Un sacrifice volontaire, bien orienté, en vue d'une fin désirée. Remettre l'ordre cosmique à sa place par exemple. Le remettre debout.

Vient une autre question : Les drames dans le ciel - pluie de météorites, etc...- sont-ils un signe avant-coureur d'une évolution cosmique ou, au contraire, l'annonce de l'évolution normale de notre système solaire ? Si l'on admet qu'il y en ait eu des milliers dans l'Univers.

Un initié doit l'être à quelqu'un, à quelque chose, ou à une quelconque entité spirituelle. D'impétrant dans une société secrète, il passera au rang d'adepte au terme d'un long cheminement.

En quoi est-il différent des autres hommes, de ceux nommés profanes, ceux qui sont donc encore à la porte du Temple ? On dira au choix : Attitude, comportement, éthique gestuelle, calme, etc...

Cela est vrai, en partie, dans ce monde moderne où précisément, dans les sociétés à mystères, obédiences maçonniques, cénacle de recherche spirituelle, etc...

Mais, il y a 5 ou 6 millénaires, dans l'Égypte archaïque, de la protohistoire, des ères pré-dynastiques. Était-ce le cas ?

Il n'a surement pas suivi de cours d'endoctrinement, observé des rituels s'inscrivant dans un rite plus ancien et établi depuis des temps immémoriaux.

Mais il voit, il sent, il écoute différemment, et la terre qu'il parcourt lui est familière tout en lui permettant d'en regretter une autre.

Donc perception de sons et de paroles, inaudibles dans un autre contexte et pour d'autres hommes, respiration d'un air plus léger que celui inhalé par d'autres hommes et le chemin qu'il parcourt ne suit pas ceux des autres hommes.

Bref, il est différent.

L'est-il par sa forme, sa morphologie ?

Avaient-ils une forme physique différente des simples mortels ? La question n'est pas innocente, non parce qu'il faut lui attribué une morphologie autre que les humains, mais parce que leurs pensées pouvaient les affecter.

Il a souvent été dit qu'ils étaient dotés d'une « **pensée imagée** », c'est-à-dire que le développement de leur cerveau –ou ce qui en tenait lieu- devait hypertrophier leur calotte crânienne. L'exemple venant à l'esprit est la troublante calotte de maître recouvrant le haut de leur visage, à l'image même de Khéops.

De plus, ces « initiés », s'ils étaient venus d'autres continents lointains, ou les survivants d'un cataclysme ayant affecté le sol de l'Atlantique, ont certes colonisé la terre d'Égypte, mais d'une façon totalement différente des colonies du XIXème siècle.

Enfin, les égyptiens ont pu vivre avec leurs dieux, pendant un certain temps et appelés à les reconnaître sous une forme animale -lesquels dieux se fondaient dans l'atmosphère générale en prenant la morphologie d'un crocodile, d'un ibis, etc....

Bien entendu, par dieux, ou demi-dieux, il faut bien comprendre ces « initiés ».

Est-il plus grand, plus âgé, plus jeune ?

Ne vieillit-il donc pas. Je suis très âgé pourrait-il dire, mais le « **même pourtant** ».

Le même de qui ?

A-t-il connu, éprouvé, expérimenté, l'immense cataclysme qui s'est abattu un soir sur une terre aimée, mais abandonnée des dieux ?

Est-il un survivant ?

Vient-il, au contraire, des cieux, c'est-à-dire sous une forme plus éthérée que physique ?

A-t-il assisté à la séparation de la Terre du Soleil, et de la Lune de la Terre ?

A-t-il participé aux combats ayant opposé les dieux entre eux et qualifiés par des profanes, d'évolution cosmique ?

Il a bien connu des entités curieuses, à corps physique humain, mais à tête d'animal. D'ailleurs, il les fréquente toujours, et a, avec eux, d'interminables discussions où se joue le sort de l'humanité.

Un jour, il repartira. Ceci est assuré. Ceci lui a été assuré. Il peut le lire sur les murs des Temples, des obélisques, des futures pyramides. Il a pris soin de choisir sa tombe, les meubles qu'il emportera avec lui, les parfums, onguents, et autres baumes. Il a déjà prononcé sa confession négative le mettant à l'abri de tout soupçon de la part de Thot à tête d'Ibis, et du redoutable chien noir du désert, celui qui a de longues oreilles.

Diaphane, il parcourt des contrées inconnues, mais cependant familières. Il parle aux autres humains qui, parfois, font signe qu'ils ne le comprennent pas, comme s'il s'agissait d'un illustre inconnu qu'ils ne voient pas, ou plus.

Il disparaît, sans en avoir l'air, de leur vue. Mais il voit plus loin, depuis plus longtemps, l'Orient de la connaissance se lèvera à l'Est, ou à l'Ouest, comme autrefois.

Il écrit parfois, sur des tables de pierre, des signes incompréhensibles par les autres, faits de traits, de figures, d'oiseaux, de géométrie. C'est, dira-t-il, à quelqu'un qui le connaît bien, ce que j'entends de là-haut. Bref, il cherche à reproduire des sons, et des lumières. Et c'est vraiment difficile de reproduire des lumières.

Avec la voix, il réussit parfois un joli tour de passe : mettre deux pierres l'une sur l'autre sans les avoir touchées. Un jour, il en a mis cinq. Puis il s'est mis à élever une colonne de pierres remplie de signe, les même que ceux de sa tablette.

CHAPITRE IV

Thot

Nous commençons notre étude de ces guides de l'évolution humaine, car c'est bien de cela dont il s'agit, par un des dieux du panthéon égyptien.

Thot a toujours été considéré comme un dieu puissant, ami des autres dieux, quelques fois des hommes, et initiateur d'une doctrine dont les grecs s'approprièrent la teneur, c'est-à-dire l'Hermétisme, terme totalement inconnu des égyptiens des époques archaïques et prédynastiques.

L'Hermès grec, dont les origines sont authentiquement orientales, est un personnage créé de toutes pièces, mais s'apparentait à des dizaines d'individus ayant vécu en Alexandrie, la plus égyptienne des villes grecs des fameux Ptolémées.

À ce titre, peut-on d'ores et déjà qualifier ces personnages trois fois grands, c'est-à-dire trismégistes. Il fut d'abord, par le son, le messager des dieux, c'est-à-dire un prêtre transmettant les paroles divines, ensuite enseignant à son tour son peuple. Il agit en tant que prophète, et enfin il régna sur la terre d'Égypte où il a pu être un Roi-Pharaon.

Initié, écrivions-nous, car la trame de la doctrine repose sur un dialogue entre un maître et son disciple, à charge pour ce dernier de la communiquer à d'autres disciples.

Thot fut un dieu excellant dans l'art souverain de la Magie. De la Magie, on saute aisément à l'Alchimie qui est la propriété de transformer une pierre ou un être humain en quelque chose de différent sous l'influence de la chaleur, donc de la lumière.

Thot fut longtemps considéré comme le secrétaire de Rê, la divinité solaire à qui il appartenait donc de transmettre, plus ou moins correctement, ses instructions. Scribe divin, il lui appartient de clarifier les ordres supérieurs, quelque fois en y mettant du sien, notamment lorsqu'il s'agit du combat fratricide entre Osiris et Seth. Il fut l'inventeur de l'écriture, qui n'est autre qu'un moyen supplémentaire de véhiculer des messages supérieurs.

Ses pouvoirs magiques firent de lui un médecin très renommé, car il guérissait par hypnose. Accompagnant le plus souvent les malades à leur dernière demeure, on en fit un psychopompe, apte à détecter dans quel plateau de la balance allaient se placer les actes positifs du défunt, ou leur absence.

C'est à partir de sa connaissance que les égyptiens décidèrent de lui faire créer l'Univers par le seul son de sa voix. D'où l'idée -très orientale après coup- du pouvoir éminemment créateur de la Parole, que toutes les religions s'approprièrent sans coup férir. Guide des Âmes juste avant leur passage à l'Orient, acteur tout autant que juge des morts une fois refermé le couvercle du sarcophage, il acquit, auprès des classes populaires, une incomparable renommée.

Son enseignement, maintes fois modifié, corrigé, mal traduit, se perpétue jusqu'à l'invasion de l'Égypte par les « Peuples de la Mer », dont les grecs d'Alexandrie. Et ce fut l'Hermès grec qui sortit tout droit de ces longues et étranges manipulations.

À partir de quel moment les égyptiens comprirent-ils que des races antérieures très évoluées avaient délibérément agi sur leur civilisation pour **en créer une, de toutes pièces** ?

Car, indiscutablement, la IVème dynastie, celle qui nous intéresse ici au premier chef, constitue une civilisation à elle seule : 3 pyramides inégalées au monde, une statue phénoménale, un fleuve demeuré de vie et reflet sur terre, d'un autre fleuve dans les cieux.

Nous devons affirmer que le point de départ, en fait deux points de départ, sont respectivement :

- L'apparition de l'écriture,
- Le développement d'un calendrier,

les deux phénomènes étant indissociables l'un de l'autre, ou de l'écriture, Thot, en fut rendu responsable, mélange de signes divins, et images propres à éveiller l'attention, et le recours aux mathématiques pour en suivre le déroulement.

Les sons venus des profondeurs de l'Univers indiquent la marche des constellations, et ce n'est donc plus une coïncidence si l'architecture cyclopéenne se fixe sur les cieux pour édifier ces étranges monuments décrits plus haut. Tout comme, seules les mathématiques, appliquées à l'astronomie, peuvent établir très correctement, sans pratiquement d'erreurs, le mécanisme précis des eaux indociles du Nil.

Énigmatiquement, le fait demeure qu'il est très malaisé d'expliquer la fascination qu'eurent les égyptiens pour l'Au-delà. Mais nous venons d'en fournir quelques éléments. La préscience et la Connaissance de l'Univers peuvent, seules, confirmer ce vertige de l'Au-delà.

Thot, créateur de l'écriture hiéroglyphique, agglomérat de signes, sons, vibrations, instructions, prières, etc… permit de condenser l'astronomie dans des formules mathématiques qui furent très correctement suivies et exploitée par la suite.

Il y eut, qu'on le veuille ou non, et en l'absence de toute observation, de capsules spatiales, un contact avec les cieux, pour ne pas dire les dieux.

Le symbolisme, dont il est très souvent question ici, n'est autre que le **reflet** de **hauts faits spirituels**, sinon il ne s'explique pas, ne peut pas se commenter, et finit par n'avoir aucune utilité, à défaut de sens, ou d'orientation.

Plus étrange est cependant la situation de ces hiéroglyphes -ayant déjà par eux-mêmes un sens fort particulier- à l'intérieur d'un sarcophage où seul le défunt pouvait les visualiser ?

CHAPITRE V

Les origines de la civilisation égyptienne

Cette hypothèse tente une approche expliquant le trou noir existant entre les premières dynasties humaines et les époques les ayant précédées. Et dont on ignore tout, sauf à émettre des suppositions assez singulières.

Parmi ces suppositions, l'affirmation désormais classique qu'il s'est passé en Égypte ancienne -c'est-à-dire avant les Pyramides- est exactement semblable à ce qui s'est déroulé dans le reste du globe au niveau de l'évolution des humanités. Ce qui est complètement faux.

À l'exception de cette civilisation avancée, surgie, telle qu'elle, achevée, complète, sans antécédent, sans successeur, alors que l'on ne détecte rien de semblable dans les autres pays.

Rappelons, car ce point est quand même important, que nous parlons de cinq millénaires avant aujourd'hui. Nulle part, sur ce globe, nous ne trouvons une pareille architecture mégalithique, et une curieuse écriture à base de sons.

La Genèse de l'Univers, aujourd'hui plus ou moins parfaitement élaborée et connue, ne peut pas rejoindre les éléments des religions monothéistes. Or, nous savons que le mot « religion » n'existait pas dans le langage hiéroglyphique, remplacée imparfaitement par le terme de « science sacrée ».

Des égyptologues ont voulu, tant bien que mal, édifier une Genèse de l'Univers égyptien en essayant de se rapprocher de ce qu'ils pouvaient observer dans les autres civilisations, et pas seulement les méditerranéennes.

Nous sommes en présence aujourd'hui d'un panthéon égyptien n'ayant rien à envier à celui des grecs. Avec un dieu créateur, des dieux annexes, des rivalités entre eux, un peu comme si on essayait de nous dire que l'on relève un peu partout la même généalogie.

Les dieux égyptiens, nous les connaissons bien à présent, soigneusement répertoriés avec leurs qualités, leurs défauts, la transmission de leurs pensées et de leurs actes, avec toutefois, indiscutablement, une présence soudaine : celle d'Osiris.

Ni dieu créateur, même s'il est un dieu doté de certains pouvoirs, mais indiscutablement il occupe une place fort particulière. D'abord c'est le seul dieu pour lequel on a établi des mystères, depuis l'origine des temps égyptiens jusqu'au règne de Cléopâtre.

Ensuite, nonobstant sa lutte fratricide avec son demi-frère Seth, il « ressuscite » et engendre un fils, bien que définitivement mort. Et surtout, c'est un dieu politique. Les autres aussi se mêlent bien un peu de politique, dirigeant, avec plus ou moins de discernement, les hommes sous leur garde. Mais lui, contrairement à ses demi-frères, il règne vraiment. Il aura vraiment régné.

Il fait définitivement partie de la liste des rois divins ayant gouverné l'Égypte avant l'accession à un trône terrestre de Ménès, à qui Horus aura remis les clefs du royaume.

Et l'anomalie, derechef, surgit. Passe qu'un dieu édicte des commandements depuis le fond des cieux, passe qu'il apparaisse sur la terre égyptienne, plus ou moins sous la forme d'un corps humain avec une tête d'animal pour que les peuplades d'alors le reconnaissent.

Mais, lui, il a véritablement régné sur terre, et si l'on célèbre ses « mystères », c'est que, indépendamment de ses confrères, il s'est valablement et durablement installé sur un trône et a joué un important rôle politique. Sans toutefois, pour être précis, arriver à éliminer Seth. Il sera, certes, terrassé à plusieurs reprises, mais jamais éliminé ou tué, d'une façon définitive.

D'ailleurs, encore sous le règne d'Hatchepsout, les armées égyptiennes continuaient de se battre contre les tribus libyennes. Donc toujours Osiris contre Seth.

Un point vient d'être soulevé, non complètement éclairci. Par rapport à la civilisation établie des pharaons, avec villes, routes, monuments, maîtrise du fleuve, etc... la Libye offre le spectacle totalement contraire.

Un Sahara -qui veut dire désert en arabe- sans végétation, ni ville, ni route, ni fleuve. Quelques oasis certes très grandes, mais des milliers de kilomètres de désert, avec parfois des points d'eau ou des plateaux rocheux à perte de vue.

Et ils sont cependant nombreux, les libyens, très nombreux, pour se présenter quasiment annuellement aux égyptiens, **ceux de l'autre côté du fleuve.**

Car à étudier l'Histoire égyptienne, complaisamment décrite par les égyptologues -et les romanciers- le Nil a toujours constitué, non un fleuve mais une frontière.

Une double frontière.

D'abord, comme nous venons de l'écrire, au seul niveau géographique et ethnologique. D'un côté, l'Est, une civilisation déjà solidement ancrée sur ses prérogatives ; de l'autre côté, des tribus sauvages, mais jalouses, **définitivement** jalouses.

Nous reviendrons, bien évidemment, sur ce terme « **définitivement** ». Car, il est une des clefs de cette hypothèse qui n'a rien d'extravagant. Un peu comme si un seul peuple, au départ pour des raisons inconnues et diverses, s'était scindé en deux.

Les uns plus instruits, plus initiés, décryptant les éléments -nature et fleuve- ; les autres plus guerriers, plus sanguinaires, plus aptes à une guerre féroce, arpentant ce désert qui, autrefois, fut une grande oasis verte.

Alors que s'est-il passé ?

Il semble bien que l'on soit fort loin de la Genèse de l'Univers et de ses dieux plus ou moins créateurs.

On a souvent exprimé une surprise devant la conscience et la connaissance que les égyptiens des premières générations avaient de l'Univers, que la terre ait été ronde ou non, que l'Univers s'est formé à la suite d'évolutions successives, etc...

Mais, on ne s'est jamais demandé si cette Genèse de l'Univers n'était pas, après tout, l'histoire de leur civilisation.

Le Livre des Morts, les Textes des Pyramides, racontent, chacun à leur manière, les péripéties de l'évolution de cet « Univers », le drame cosmique survenu, le soleil qui s'est, à plusieurs reprises, levé et couché d'un autre côté, que la terre avait subi un retournement sur son axe, etc... etc...

Que, de plus, la terre était un morceau de poussière du soleil, qu'elle avait éjecté un morceau de sa matière pour former la lune. Bref, tout ce que nous connaissons aujourd'hui de l'Univers.

Et si, au lieu de penser que l'Univers existe depuis 14 ou 16 milliards d'années-lumière, pourquoi ne pas examiner le fait que ces descriptions ont parfaitement pu s'appliquer à l'Égypte -et par là même au reste du monde- il y a seulement 10 à 12 millénaires.

La disparition, aussi bien de l'Atlantide, si bien décrite par Platon, que celle du continent de Mu, que des déluges, soigneusement élaborés par toutes les autres civilisations, ont bien eu lieu, mais il y a 10 à 12 millénaires. Avec leur cortège de bouleversements en tous genres.

Certaines civilisations s'en sont emparées pour élaborer une fort difficile enquête sur la création du monde et du leur, en mélangeant, adroitement ou non, les dieux avec des drames cosmiques.

Bref, en prêtant à ces drames cosmiques -parfaitement naturels- une connotation familière, pour ne pas dire familiale. Bref, une famille de dieux parfaitement semblable à une famille terrestre, avec un patriarche tout puissant, innommable, terrifiant, coléreux. Des femmes, plus ou moins soumises, arrogantes, rebelles, des enfants désobéissant ou soumis, etc...

Et le tour est joué.

Tout le monde s'y retrouve.

Les uns meurent, disparaissent, parfois les dieux viennent sur la terre pour se faire reconnaître.

Mais, ces mêmes dieux ont **pu venir d'ailleurs**, c'est-à-dire non du fond du ciel, mais survivants d'un cataclysme à l'échelle mondiale et dont les continents ont disparu sous les flots.

Bien sûr avec des prédictions, des prévisions, inévitables, à partir de secousses sismiques annonciatrices des drames terribles à venir. Des initiés de ces continents ont pu valablement s'en apercevoir, prendre leurs dispositions, préparer leur départ, etc...

Il ne s'agissait pas de dieux, mais de professionnels. Le mot peut choquer à l'évidence. Des **professionnels** dans leurs parties : astronomie, architecture, géographie des éléments, chirurgie etc...

Ils survécurent plutôt mal que bien, mais certains s'en sortirent. Ils purent aborder sur le rivage atlantique africain ou en Afrique du Nord -Tunisie/Libye-. Ils s'y établirent avec, inévitablement, des combats fratricides contre ceux qui aspiraient enfin à la paix, et ceux voulant dominer.

Ceux-ci, peut-être, les plus nombreux, les plus guerriers ; les autres, une minorité de savants, de

« scientifiques ». Et les luttes se poursuivirent. Personne ne gagna vraiment, les uns l'emportant un jour, les autres le lendemain, les uns, s'établissant dans le Sahara, peut-être encore vert, les autres passant le fleuve, plus à l'Est.

Tout ce qui est antérieur à 5.000 ans de notre ère est définitivement considéré, par les archéologues, comme les égyptologues, comme de la Préhistoire terriblement confuse. Alors que précisément l'Histoire de l'Égypte a commencé bien avant.

Car ou bien Manéthon, et à sa suite tous les historiens -égyptiens- parlant des années de règne de rois divins, sont de sincères affabulateurs ou alors compte tenu des exagérations évidentes et des trous noirs dans leur généalogie, il faut revoir, à la baisse, certains chiffres.

Effectivement, à partir de données fournies par les prêtres à Hérodote, si ces chiffres sont vrais, à quelques 10/15% d'erreur, nous remontons à des temps qui passent pour invraisemblables et mythiques chez tous les autres peuples. Mais, ici, **ils sont déjà de l'Histoire**.

Parmi les traces de ces courants opposés, notons les doctrines « religieuses » s'étant progressivement établies en Égypte de l'époque. D'abord, une synthèse, dont le siège a pu être Héliopolis, à la pointe du delta, avec un dieu plus ou moins créateur : Ré.

Et ensuite, ou parallèlement, une doctrine osirienne reconnaissant comme seule et valable théocrate, Osiris, et son frère Anubis. Pour mémoire, la déesse Nout, généralement dessinée, arquée au-dessus de la terre, fut considérée comme la mère d'Osiris, la dernière reine de l'Amenta, d'où les survivants étaient venus.

Avec, pêle-mêle, des « dieux » ou « civilisateurs », tels Thot, reconnu plus tard comme ayant pu être le « complice » de Seth. Notons qu'Amon le « mystérieux » n'a fait véritablement partie du panthéon égyptien qu'à partir de la IIème dynastie, c'est-à-dire beaucoup plus tardivement.

Les égyptiens furent contraints de donner un sens symbolique à l'eau, qui fut l'élément capital dans leur apparition. Ils en firent l'eau primordiale, et ce point est capital, eau primordiale d'où des tertres de pierre et de terre émergèrent. Ce qui permit de faire la synthèse entre la légende de la création du globe et l'ensevelissement sous les flots de la légendaire Atlantide.

L'eau fut donc élaborée comme synthèse parce qu'elle « était l'origine de toutes choses -c'est-à-dire réellement survenue- et parallèlement représentant l'abîme où une civilisation avancée avait disparu.

Le déluge biblique se traduit par la reconnaissance de la Terre par un corbeau et une colombe. Exactement à l'image du mythe égyptien antérieur de plusieurs millénaires et qui l'a directement inspiré. Le tertre initial, apparu ou réapparu à l'issue du cataclysme, a été nommé Ben ou Benben -image très prononcée et très vivace- d'un oiseau totalement inconnu de la Nature, Le Bénou.

Le Bénou ! Cet oiseau aurait ressemblé ou ressemblerait à un héron ou à un Phénix -lui-même surnaturel car n'existant pas réellement- l'apparition et du tertre des origines et la venue de ce volatil n'est autre que le commencement de l'Univers ou de celui émergeant des flots.

Pour mémoire, Benben désignait, en hiéroglyphe, un obélisque ou le pyramidion de ce même obélisque.

CHAPITRE VI

Astronomie – Astrologie

Qui dit grande civilisation, parle d'abord de deux idées phares :

- La mise au point d'un calendrier,
- La mise au point d'une écriture.

Interrogeons-nous d'abord pour connaître comment est née l'astrologie égyptienne des premiers âges ?

À un certain moment des initiés s'aperçurent que certains évènements, dont ils avaient la préscience, s'étaient produits, se produisaient à nouveau, ou allaient **nécessairement** se reproduire

Pourquoi ?

Accidentellement dans la partie suprasensible de leur monde terrestre apparaissaient des évènements, ou des entités qui prenaient des formes plus concrètes qu'auparavant.

De là, un certain déterminisme, dans leurs pensées, analysé parfaitement dans le Livre des Morts où précisément ces évènements eurent pareillement lieu et provoquant les mêmes conséquences.

D'où l'examen des astres, de leur évolution, des phases de la Lune -ascendante/descendante- et le retour à un état initial, mais différent dans sa structure, les impressions ressenties par ces cénacles d'initiés, pouvant être sonores ou lumineuses.

Bref, ce que l'on nommerait des souvenirs condensés. Car les descriptions du Livre des Morts amenaient naturellement à se poser la question de savoir comment lesdits évènements s'étaient produits.

Ce qu'ils allaient vivre s'étaient déjà produit et surtout pouvaient, à chaque instant survenir. Ce qui explique l'apparition des déesses-reines du Sahara libyen, déjà prophétesses donc dotées de pouvoir supra-sensoriels.

À toute image, provenant donc d'un lointain passé, pouvait correspondre une image du présent ou du futur.

Les anciens égyptiens ne croyaient pas en Dieu : ils l'expérimentaient et le connaissaient. Une communion avec la puissance vitale s'établissait, jointe à une perception intuitive. Pharaon devient ainsi, dès les premiers âges, l'homme cosmique par excellence. En charge de la Terre, il était surtout destiné au ciel.

Les Dieux et les Déesses dans l'Astrologie

Parmi celles-ci, Maât, qui incarne la norme exacte de l'Univers, l'ordre et la justice, sans oublier Isis, victorieuse de la mort et qui offre aux hommes, le secret de la vie, en éternité.

Le Livre des Morts et les Textes des Pyramides nous apparaissent comme une œuvre de voyants, dont le regard a percé le voile de l'ignorance et des apparences.

Ces deux documents ne sont pas avares des drames cosmiques, et notamment des péripéties ayant engendré des cataclysmes incroyables, par exemple :

« … **Et que la Terre, en son entier, de nouveau réunie,** « **refleurira et portera des fruits** » -*Livre des Morts* Chapitre XIV-

Une analyse, même superficielle de ces deux lignes permet de percevoir que notre globe a subi, à un certain temps de son histoire, des bouleversements l'ayant profondément affecté, que des continents ont pu surgir et d'autres disparaître, et qu'ensuite rien n'est apparu comme avant, mais que la vie a pu réapparaître.

Il reste à savoir comment les égyptiens, des toutes premières générations, ont pu en avoir connaissance ou conscience. Car, à ce sujet, les textes demeurent profondément secrets et sans ouverture aucune.

Quelques milliers d'années avant la Ière dynastie, le soleil qui se levait à l'Ouest, du fait du bouleversement et retournement de notre globe terrestre, se leva à l'Est. Après un effroyable cataclysme liquide où les terres furent submergées, puis emportées, quelques survivants se retrouvèrent sur l'Afrique actuelle. Leur géo-localisation se situait approximativement le long de la ligne équatoriale du Cancer, et le déluge eut lieu dans la constellation du Lion.

Ainsi, selon le Livre des Morts -au Chapitre XV, pour les rescapés d'une civilisation disparue- :

« **Tu arrachas de l'océan les êtres et les sauvas sur une « île du lac d'Horus »**.

L'allusion à deux horizons différents -Ouest/Est- se retrouve aussi au Chapitre LXII :

« **... ce seigneur des deux horizons**

« **et ... je suis le dieu à tête de lion et je suis Kâ** ».

Ces survivants appelèrent la terre ou le continent qui vit disparaître leur civilisation Amenta ou en égyptien phonétique Aha-Men-Ptah, c'est-à-dire « le lieu de l'Aîné dans le cœur de Dieu ». On en fit alors le séjour des morts.

Et le soleil se leva à l'Est, pour la première fois.

Quel ne fut pas le sursaut d'effroi des habitants du long couloir rocheux, qui devait devenir le fleuve Nil, que d'apercevoir, émergeant des sables libyens, une tête immense avec les yeux grands ouverts.

Peut-on imaginer que -faute désormais de repère du soleil se levant à l'Ouest et l'ayant derrière eux- les survivants aient tenté de trouver des repères dans leur longue traversée du désert. Ce fut vraisemblablement Sep'ti ou Sirius.

Ainsi, ils allèrent de l'Amenta à l'Égypte, de Aha-Men-Ptah à Ath-Kâ-Ttah. D'où vient le mot « Égyptien ».

Or, Sirius est fixe.

Les initiés prirent conscience que les diverses configurations célestes coïncidaient avec des combinaisons mathématiques à partir de points fixes, ce qui fut le cas pour Sirius.

Chaque point fixe possède un moment, un jour, qui lui est spécifiquement mathématique, lequel apparaît dans le ciel nocturne, **avant** le soleil et brille de toute sa splendeur. Ce phénomène fut nommé le lever héliaque d'une étoile.

Un des deux conduits internes de la Grande Pyramide, dit d'aération, est bien dirigé sur Sirius.

Sirius permit ainsi d'étudier l'écoulement du temps, et devint le point de départ de leur calendrier, devenu calendrier sothiaque à partir de Khoufou/Khéops[5].

Cette année sothiaque comprenait donc 365 cycles de quatre ans, plus un jour, soit 1460/1461 années héliaques solaires. Thot fut rendu responsable de ces mathématiques, Thot pouvait être l'abréviation d'Athotis, qui serait un des fils de Ménès.

Cette arrivée de Sirius avait débuté -selon Édouard Meyer- quelques 4.200 années avant Jésus Christ[6].

L'année solaire fut divisée en trois périodes fort distinctes, correspondant à trois temps d'activités ou de présence d'évènements. L'inondation/les semailles/les récoltes. Grosso-modo, trois périodes de quatre mois, eux-mêmes de trente jours, auxquels ils adjoindront, plus tard, cinq jours tous les quatre ans.

---

[5] On découvre plus tardivement que Sirius se lève avec six heures de retard au début des crues par rapport à l'année précédente, ce qui les obligera à reculer d'un jour, tous les quatre ans, le décompte du temps.
[6] E. Meyer – Histoire de l'Antiquité égyptienne jusqu'aux Hyksôs.

C'est en mai que le niveau du Nil est le plus bas et c'est en juillet, autour du 20 juillet, que se produisent les rituelles inondations.

Mais, corrélativement avec ce calendrier basé sur Sirius, il faut bien concevoir que la Vallée du Nil a joui, par ce système de fiabilité dû aux fontes des glaciers d'Abyssinie, d'une prospérité à jamais égalée.

Par là, nous entendons que jamais les déserts orientaux et libyens ne purent se prévaloir d'une telle prospérité, ni avec l'existence -à l'époque- d'oasis fortement alimentée par des rivières souterraines.

D'entrée de jeu, dans la maîtrise avérée des crues du Nil se développa, parallèlement, une organisation sociale des plus inattendues, dès lors qu'il fallut obligatoirement s'organiser pour survivre, subsister, et bien sûr prospérer.

Il est concevable d'affirmer que les fellahs, sur les bords des deux rives, n'étaient pas aussi libres que le suggèrent d'anciens traités d'histoire ou qu'ils cessèrent de l'être dès que l'économie devint « religieuse », c'est-à-dire gérée par les prêtres sous l'autorité de Pharaon.

Cela explique pareillement l'organisation administrative qui s'en est suivie sous la forme de « nomes » ou territoires administrés par un officier de pharaon.

De ce fait, la fracture s'établit très vite entre les clans ou tribus, des deux déserts, livrés plus ou moins à eux-mêmes –toujours chasseurs, éleveurs- sans être, le moins du monde, protégés par une administration centrale. De là découle, tout naturellement, l'idée d'un état fort et centralisé, surtout sous la férule du Pharaon Khéops.

Bien entendu, il ne faut pas perdre de vue, s'agissant du soleil, la rhétorique, inlassablement répétée, à savoir que le soleil n'émet pas seulement une lumière physique.

Ré ou Râ, l'astre initial préfigurateur d'une divinité solaire était bien autre chose pour ces égyptiens qu'un dispensateur de lumière. Par lui s'inscrivait, dans l'horizon, un intérêt d'une rare spiritualité.

Détenteur d'un pouvoir incroyable sur les terres en-dessous, par sa situation unique en Haute Égypte, il donnait une chaleur sèche préfiguratrice d'une économie qui sera religieuse.

CHAPITRE VII

Un grand initié... mais pas seulement : Osiris

Avec les premières dynasties, dites humaines, et notamment la IVème, nous sommes aux prises avec une civilisation insolite, inédite, mais peut-être héritière de traditions oubliées. C'est pourquoi la question se pose.

À quelle race d'Ancêtres illustres ont bien pu appartenir Osiris/Isis/Horus ?

Osiris régna sur le monde d'alors, avant sa lutte avec Seth, lorsque le Soleil apparemment se trouvait dans le signe du Scorpion. La vengeance d'Horus, toutefois, ne fut pas complète car, s'il castra Seth, il perdit un degré de son acuité visuelle.

Les dieux circulaient-ils librement parmi les hommes sans que ceux-ci s'en rendissent vraiment compte ?

Mais pour l'égyptien de ces époques, dites archaïques, tout être spirituel -c'est-à-dire ici divin- qui descendait parmi les hommes, revêtait nécessairement un corps physique.

Osiris est certainement le dieu le plus complexe du Panthéon égyptien. Il est à rapprocher d'Apollon, autre dieu solaire pour qui la lyre qui lui est confiée, fut assimilée aux vingt-huit divisions de la moelle épinière d'Osiris.

Lorsque Nephtys, femme de Seth, et sœur d'Isis, recueillent tous les morceaux ou degrés de la clavité énuclée d'Horus, il en manquait un. Avait-il alors perdu quelque chose de sa puissance visuelle interne ou, au contraire, en gagnait-il quelque chose pour le remplacer ?

Obtint-il donc un regard plus clairvoyant ou pour écrire les choses simplement, un regard simplement humain, mais emprunt d'une conscience divine ?

Isis part à la recherche d'Osiris, les deux éléments féminin et masculin se cherchent, finissent par se trouver ; Étaient-ils pour autant, auparavant, séparés ?

Horus aurait-il pu naître avant le combat fratricide Osiris/Seth ?

Est-ce à dire que l'homme est resté très longtemps un **être androgyne**, comme semblent l'affirmer toutes les traditions ?

Lorsqu'il est écrit que le défunt s'assimile à Osiris, il ne devient certes pas le dieu Osiris, mais il vit dans son atmosphère en devenant -du moins le croit il- immortel, au sens de la divinité.

La meilleure représentation du phénomène horussien se trouve manifestement dans la statue de Khéphren portant sur sa nuque le faucon Horus.

Par ailleurs, s'agissant de la personnalité de Pharaon – n'importe quel pharaon- il faut bien se persuader que son désir propre d'agir, était totalement absent, voire même éliminé.

Pourquoi ?

Il n'avait pas le droit de vouloir personnellement quelque chose. Il était Horus, et c'est cet Horus qui parlait à sa place.

Donc quatre éléments, ou quatre types d'humanité depuis l'ensemencement de la planète avec une prédominance pour la forme humaine. Ou le 4ème âge de l'humanité si on pousse jusqu'au bout l'analyse.

Il est parfois indiqué qu'une représentation aurait été rajoutée -au seul niveau spirituel- celle du Grand Taureau Sauvage (voir Textes des Pyramides).

S'y ajoute plus spécifiquement les représentations que l'égyptien de l'époque archaïque, pré-dynastique, pouvait avoir de l'Univers et de la formation de l'homme sur la Terre. Il y distinguait, et cela est pour nous source d'étonnement, le **corps astral**, le **corps éthérique**, et finalement le **corps humain**.

Comment lui est alors venu cette préscience de l'évolution de l'Univers que l'on retrouve à travers les Textes des Pyramides et du Livre des Morts, nous n'en savons rien.

L'astrophysicien -doublé d'un métaphysicien- Trinh Xuan Thuan, n'écrit-il pas que nous sommes des poussières d'étoiles. Tous les atomes nous composant, insiste-t-il, le carbone, l'oxygène, l'azote, etc… ont été produits au cœur des étoiles.

De la même manière un objet, pour nous inanimé pouvait revêtir aux yeux de cet égyptien bon nombre de significations qui nous seraient étrangères.

Il est fort probable que, dans les époques considérées aujourd'hui comme des temps très archaïques, les hommes aient pu vivre davantage dans des mondes suprasensibles, éthérées, spirituels, que dans le monde temporel, plus tardif. Mais avec les mêmes composants que ceux qui viennent d'être cités.

C'est ainsi que les égyptiens des origines de leur terre, ont pu avoir une conception très curieuse, de l'existence de leurs dieux, ainsi que de leur visibilité plus ou moins claire.

Ils en firent donc des représentations, dans leur esprit, qu'ils s'efforcèrent de traduire physiquement. Là où un dieu se révélait, se manifestait, le plus généralement sous un des aspects qui pouvait le mieux parler à l'égyptien, c'est un animal sur des jambes humaines. La représentation devenait bien physique.

Et s'il s'agissait des stades de l'évolution, mais de l'homme, à partir précisément de la figuration que nous venons d'en donner ?

Chacun sait que l'homme est passé par des phases de transmutations successives jusqu'à ce qu'il prenne véritablement l'aspect qu'on lui connaît aujourd'hui.

Enfin, il peut être fourni, par l'authentification des momies, une explication à partir du démembrement d'Osiris par Seth. Chacun sait qu'Isis s'efforça de « rassembler ce qui était épars » et que pour ce faire, elle a pu entourer les différentes parties du corps de son époux par des bandelettes.

Mais, il existe une autre interprétation beaucoup plus ésotérique, relative à l'apparition des êtres sexués sur terre. Lorsqu'Isis part à la **recherche** d'Osiris ce n'est pas seulement dans le but de retrouver un époux-frère, mais pour s'unir véritablement à lui, afin d'entreprendre Horus.

Horus ne sera-t-il pas nommé dans les Textes des Pyramides le « clairvoyant » ? Avant sa lutte avec Seth, il était comme Homère un aveugle-voyant. Sa nouvelle naissance, à son tour, correspondra bien avec une évolution de l'humanité.

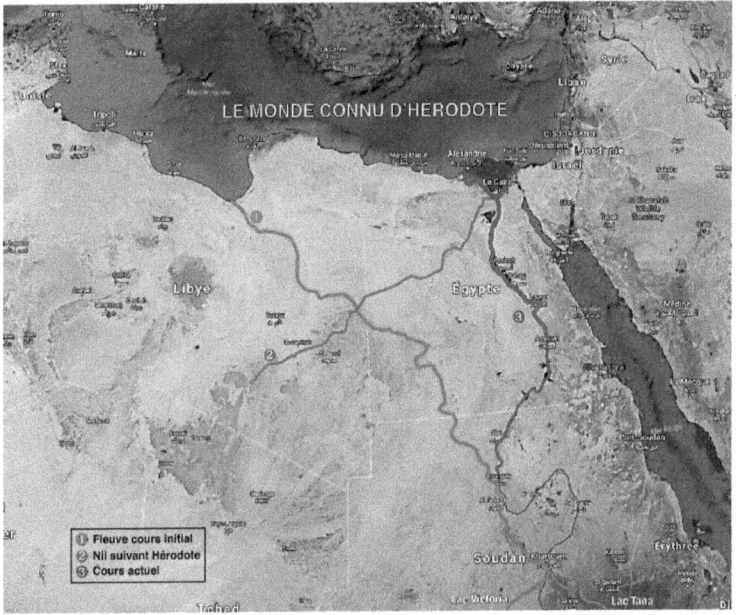

À partir des éléments fournis par Hérodote sur le Nil rouge, ayant sa source en Libye actuelle, par les éléments supposés valides relatifs à un détournement du fleuve initial, c'est-à-dire vert -c'est-à-dire coulant de l'actuelle Khartoum à travers le Tchad et la Libye, se pose le parcours désormais connu et accepté du Nil, depuis précisément Khartoum-.
Khartoum est la jonction du Nil bleu en provenance du Lac Tana en Abyssinie, et du Nil blanc en provenance du Lac Victoria en Afrique Centrale.

C'est bien le nouveau Nil, c'est-à-dire le troisième qui a assuré la prospérité de toute l'Égypte.

CHAPITRE VIII

Le Nil

Nous devons en examiner les contours, géographiquement et politique. On pourrait ajouter sa prééminente fonction économique. Sans lui et ses crues -même imprévisibles- le miracle égyptien n'aurait pas lieu. Rappelons, à nouveau, l'arcane connu : « l'Égypte est un don du Nil », véritablement.

Oui. Certainement. Mais comment en est-on arrivé là ?

Les plus anciennes générations, ayant connu le cours actuel du fleuve, ont expérimenté, à leur grand dommage les incontestables destructions apportées par les crues démesurées et incontrôlables.

Tout en admettant, une fois les semailles plantées et les récoltes achevées, qu'il avait été un élément des plus fertilisateurs. Sans savoir pourquoi. Mais les faits étaient là.

La question, dès lors, se pose.

Ces plus anciennes générations eurent-elles la prescience que leur économie -toute relative- était favorisée par le débit accidentel du fleuve et qu'il fallait impérativement le situer dans une immédiate proximité.

Si précisément le cours du fleuve, selon Hérodote, prenait sa source en Libye du Sud, c'est-à-dire près, à vol d'oiseau, de Khartoum l'idée aurait pu surgir d'en détourner le cours ?

La palette sur laquelle est gravé un sceau représentant le Roi Scorpion en train de creuser un canal est, à cet égard, des plus significatives. Mais comment pouvait-on, en ces temps si anciens, détourner le cours d'un pareil fleuve ? Avec quels moyens techniques -hommes, pelles et pioches- et avec quelle masse d'ouvriers ?

Le puissant facteur de l'Unité égyptienne a, de tous temps, été le Nil. Car, dès l'origine, du peuplement des conditions à mille autres pareilles ont prévalu pour assurer et développer très rapidement une vie sociale, et sédentaire. Ce qui ne fut pas le cas pour les pays voisins ou d'autres civilisations.

On a pu écrire pareillement que le Nil créa en Égypte Ancienne la justice et les mathématiques. Il fallut bien s'organiser pour que personne ne soit spolié et calculer, ne serait-ce qu'à partir des nilomètres, la hauteur prévisible des crues et donc leur répartition. Lesquelles ne sont rien, une fois encore, sans un ardent soleil. Loin de toute moisson, ou dangereuses précipitations.

Lequel soleil, à son tour, va se transmuer en une personnalité divine qui fera désormais mourir la mort provoquée par les famines successives.

Parallèlement s'organisa une vie politique à tout l'ensemble des terres avoisinantes le fleuve, prélude à l'idée d'une nation et une cosmogonie rendant les dieux responsables de la prospérité du pays.

Jamais monarchie de droit divin n'a eu un caractère aussi absolu que celui qui régna sur cette terre il y a 5.000

ans, une fois achevée l'union du Sud avec le Nord. Car Pharaon détient, et pour longtemps, le secret de la vie et de la mort de son peuple.

C'est pourquoi le régime, totalement imprévisible du fleuve, malgré les calculs à partir de Sirius, laissant parfois une « mer » à la place d'un fleuve calme, contribua au progrès des mentalités « économiques » chez les hommes de la préhistoire.

Le Nil va donc, dès les origines de cette civilisation, agir comme un principe d'ordre et surtout de centralisation, ce qui facilitera, à n'en pas douter, la vie politique conduite par Khéops.

L'étude du comportement assez ahurissant de ce fleuve amène à analyser les « rivières » dites souterraines, ou les « mers ou lacs » sous le désert libyen. Le plateau rocheux sous le sable d'aujourd'hui est constitué de grès très poreux, ce qui explique son extrême perméabilité. C'est pourquoi nous trouvons des « chotts » ou résidus de lacs à 5/600 mètres de profondeur, et principalement à l'Est du lac Tchad.

La pensée derrière l'hypothèse du détournement, en des temps protohistoriques du cours du fleuve, repose géographiquement sur l'existence des six cataractes qui sont autant de brèches pratiquées dans les falaises rocheuses, à partir de Khartoum pour faciliter l'écoulement du Nil.

Lorsque l'on relit les témoignages sur les sources du Nil -et ce depuis des millénaires- curieusement, on se heurte à un fleuve jaillissant « tout fait » comme un geyser des profondeurs d'un abîme rocheux. Cela pourrait correspondre à la sixième cataracte.

S'y ajoutait dans le commentaire le plus ancien, « le Nil vient d'une montagne où **vivent les lions**. Nous ne pouvons retracer l'origine exacte de ce qui suit, mais nos recherches sur le sujet nous ont amené à une étrange épitaphe selon laquelle les six cataractes correspondraient aux six morceaux distincts de la barbe -aujourd'hui disparues- du Sphinx. Et pour laquelle un morceau serait conservé au Musée du Caire.

Enfin, mais sans y attribuer autrement d'importance, signalons également que des « savants » ont envisagé les couloirs internes de la Grande Pyramide de Khéops comme étant le reflet correspondant aux trois bras du Nil, si l'on y incorpore l'Atbara, un affluent s'y déversant en amont de Khartoum.

Il y a 5.000 ans, l'Égypte n'était guère peuplée, indépendamment de convaincre les populations de s'y atteler, bon gré, mal gré. De plus, les distances sont énormes, sans parler de la largeur du fleuve. Mais on pouvait, à la rigueur, s'aider des affleurements rocheux qui constituent aujourd'hui les six cataractes qui sont autant de freins aux courants du Nil.

A-t-on fait des essais préliminaires, précisément à la suite des crues du Nil au niveau de Khartoum ?

La formation du lac Tchad, des innombrables lacs souterrains en Libye, l'existence, encore aujourd'hui, des « chotts » à des profondeurs variables, attestent qu'à l'origine le fleuve coulait bien de Khartoum vers la Libye - Benghazi ou Tripoli actuels-.

Cela a dû demander des efforts colossaux, sur des dizaines d'années, mais, là encore, sans avoir recours à une bibliothèque, de données pouvant servir de guide, sans matériel adéquat tel que requis aujourd'hui.

Avec un dernier point.

Le Nil, dans les premières dynasties, et notamment la IVème, est trop bien réglé pour n'être que le fruit du hasard. Que l'on songe un instant à l'attitude d'un fellah observant que le Nil débordait, alors que tous les oueds, aux alentours, étaient totalement asséchés ?

Et, là encore, nous nous trouvons en face de la même énigme que pour la Grande Pyramide et le Sphinx. Nous ne savons rien, sauf en rejeter des hypothèses, mais il resterait alors à démontrer comment le Nil a su et a pu donner à l'Égypte une pareille économie agricole - qui fit bon nombre d'envieux et de jaloux dans les contrées avoisinantes, incapables d'adhérer à pareil système économique.

C'est au médecin arabe du XIème siècle, Abd-el-Latif, que nous devons la reconstitution du Sphinx portant les couleurs d'origine, c'est-à-dire noir pour le Némès couvrant la nuque, et rouge pour le visage, le cou et la gorge.

Il n'existe pas de ressemblances identificatrices avec la couronne double des pharaons, c'est-à-dire respectivement blanche et rouge.

Le rouge pourrait symboliser le sable chaud du désert et la couleur de peau des nubiens, sans lui attribuer un symbolisme plus fort.

Quant au noir, indépendamment de sa relation avec un principe alchimique, il ne peut pas évoquer d'autres relations avec l'Égypte des premiers âges, si ce n'est qu'aujourd'hui ce sont les couleurs du drapeau égyptien.

CHAPITRE IX

L'immobilité de l'Éternité

Le premier égyptien initié, placé devant un cadavre, a dû réagir comme l'ensemble des initiés de toutes les civilisations ésotériques en opposant la négation d'un devenir possible et la possibilité de l'éternité. Tout en les conjuguant pour faire transmuter l'âme du défunt dans l'Au-delà.

De là à considérer la mort terrestre -et surtout en fonction de la Connaissance qu'il pouvait avoir de l'Unité principielle- non comme un anéantissement, mais comme une illusion, voire même une étape dans la véritable existence.

Il rejoindra, avec quelques millénaires d'avance, les psychanalystes autrichiens écrivant sur les métamorphoses de la conscience, sans oser, nous voulons dire ces derniers, assimiler cette conscience à l'âme des égyptiens.

Et l'on comptait beaucoup, à l'époque, sur la magie, mais aussi bien à la cour royale que pour les pêcheurs/agriculteurs des bords du Nil. Il ne fallait certes pas modifier le corps physique, mais bien l'âme, que l'on rejette à présent comme inexistante.

Toutefois, si on parvenait, par la Magie, et à partir des nombreux rites d'embaumement, à modifier en quelque sorte le corps physique en train de se détruire, à paralyser la nature de cette dissolution, alors tout pouvait être sauvé.

Les égyptiens des premières époques étaient donc persuadés -mais comment y étaient-ils parvenus ?- que l'on pouvait neutraliser les effets destructeurs de toute mort physique.

Alors, on créa un royaume des morts, parfaitement habitable et physique, lui aussi, avec des armes, des papyrus, des vivres, des boissons opiacées, etc..., le mort se trouvait même quelques fois en terre avec sa famille, ses proches, voire des membres de sa propre cour.

Et le Devenir ?

Il réapparaissait, car les transmutations de l'âme devaient lui permettre de se réincarner dans un faucon, une divinité solaire, un serpent...

Dès lors, ce Devenir évoquait irrésistiblement un avenir cosmique, partout, c'est-à-dire ici et maintenant. L'impossibilité -d'une telle métamorphose- ne pouvait tout simplement pas exister. On pouvait bien se trouver en présence d'un serpent ailé, cela n'avait rien d'irréel et surtout d'impossible.

Cette vision de l'Univers, à l'opposé diamétral de nos conceptions actuelles, n'était pas pour indisposer l'initié. Bien au contraire, il s'y complaisait, à l'exemple d'Osiris, éternellement mort -qu'il soit un humain ou un dieu-. N'était-il pas le gage de la vie sous une forme d'éternité très difficilement acceptable de nos jours ?

C'est bien pourquoi, les conceptions de l'Univers -et encore une fois il faut se demander comment ces initiés en avaient connaissance et pas seulement conscience- nous demeurent énigmatiques et illogiques.

Comment expliquer à un homme de XXIème siècle que la vie en éternité était préférable à celle d'ici-bas, sans que l'on puisse invoquer des misères humaines altérant toute pensée et n'aspirant qu'à rejoindre les cieux pour échapper à d'effroyables misères.

Les époques prédynastiques, tout comme la Ière dynastie, ont été au contraire des ères d'harmonie, de prospérité, sur un territoire immense, peuplé seulement de quelques centaines de milliers d'habitants. La pierre, par voie de conséquence, par son immobilité, son inaltérabilité, représentait bien cette notion d'éternité, de non-changement.

Comme à plusieurs reprises, les Textes que nous citons, les dévoilent, derrière une pierre, c'était comme contempler des centaines de millions d'années. Et le Sphinx, dont l'énigme fondamentale demeure irrésolue, est le plus parlant exemple de l'éternité.

Paradis Terrestre et Formations dans le Ciel

Il existe une analogie entre les dieux ancestraux, et plus exactement entre les formes de ces dieux, telles que décrites dans le Livre des Morts, et la Genèse, où il est question de la chute.

Dans le second cas, le couple Adam/Ève commet un pêché contre l'Esprit, et est chassé du Paradis. La véritable conclusion dans ce récit est que nous sommes définitivement mortels, ayant succombé au Mal.

Or, depuis l'Évolution reconnue de l'Univers, plus nous trouvons de place pour le Paradis Terrestre. D'abord au seul critère de l'Unité de la race humaine et non d'un couple primitif, le Paradis Terrestre étant, certes, une façon d'être différente de l'Univers, c'est-à-dire un autre monde. Et là nous rejoignons l'évolution prévue par les égyptiens.

Mais rien, scientifiquement, ne nous permet d'apprécier cet âge d'or.

Nous pouvons accepter, par contre, une autre proposition destinée à faire cadrer les deux thèmes, retenus ici. Il y aurait eu un « aiguillage » nouveau du Monde humain, Adam et Ève ayant commencé leur existence dans une sphère de l'Univers, différente de l'actuelle. Un peu à la manière des dieux ancestraux.

Par leur chute, ils tombèrent dans une sphère inférieure, très naturelle celle-ci. Mais au point de perdre de vue le lieu d'où ils venaient, même s'il s'agissait du fond des cieux. Des séries zoologiques, pré-humaines ont pu ainsi se former, ce qui explique l'inaptitude à saisir dans le Passé, le moindre Paradis Terrestre.

Bifurcation, aiguillage double, ou chute, tout concorde. Le couple initial primitif Adam/Ève, n'avait pas de véritable corporification comme les ombres ou les apparences de formes décrites dans le chapitre.

Que, par la suite, on ait béatifié le Paradis Terrestre se justifie aisément, surtout si on y ajoute le fait d'être définitivement mortel, alors que tout est mortel dans l'Univers depuis les origines.

Avec une destination nouvelle que nous pouvons considérer. Le **véritable Paradis Terrestre n'est pas en** arrière de nous, mais dans le **Futur**, au moment où ces hommes rejoindront leurs formes primitives.

Le Paradis Terrestre représente, dès lors, une promesse à l'instar du Livre des Morts prédisant le retour aux origines.

Le lieu où se trouve l'Au-delà

Le Livre des Morts peut nous en donner une situation plus exacte. Son titre exact n'est-il pas « Le livre pour sortir vers la lumière du jour », ce qui correspondrait bien avec l'idée d'une « fausse aube ». De plus, les écrits mentionnent, à maintes reprises, « la vie après la mort se déroule au ciel en **compagnie** du soleil ». Lequel soleil va effectivement se lever quelques instants après cette première aube.

Ce n'est qu'au Nouvel Empire, pour certaines raisons, que la Douât fut assimilée au monde inférieur, c'est-à-dire souterrain, la faisant ainsi disparaître de son véritable symbolisme.

CHAPITRE X

L'initiation et le Mythe

Passer d'une « vérité que l'on a » à une « vérité que l'on est » pourrait être une définition de l'initié. Il ne suffit pas de penser sa vie, il faut encore vivre sa pensée. La connaissance des hiéroglyphes devint alors les clefs de tout discernement.

Le meilleur exemple n'en est-il pas donné par les Textes des Pyramides soulignant qu'il ne faut absolument pas adorer les pierres de la Grande Pyramide mais ce qu'elle contient ?

A fortiori s'il n'y a rien. Car, non seulement elle est creuse, mais elle est « vide ».

Y entre donc, dans ce discernement, une lecture symbolique et initiatique, pour arriver, ce qui est proprement vertigineux, à une connaissance toute intérieure, ou une expérience par définition incommunicable. Secrète certes, mais bien réelle.

Il n'existe pas, à proprement parler, d'instrument de mesure rationnel pour évaluer l'envol inspirateur d'une pareille transformation intérieure, vu de l'extérieur.

Le nombre trois par exemple : pour le monothéiste c'est un triangle équilatéral, le symbole de la Trinité. En fait, c'est le symbole de l'Unité primordiale retrouvée.

Pour revenir tant sur le Livre des Morts ou les Textes des Pyramides, il faut admettre un élément mal perçu : on a prétendu que les évènements relatés avec force détail, pouvaient l'avoir été, ou le seraient, mais en omettant que leur description signifiait seulement qu'ils pouvaient être un lieu dans un autre espace/temps. Ce qui est normalement différent.

L'initiation n'a rien de religieux, on pourrait presque écrire « au contraire ». Si elle a une valeur purement spirituelle, celle-ci se retire seulement **dans** et à **partir** d'une transmission.

Dans ces conditions, rites et symboles ne sont que des instruments, de merveilleux outils pour ce faire. Et le mythe, dans ces conditions, parce qu'il revient fréquemment dans les textes déjà cités -celui d'Osiris, celui d'Horus-, le mythe n'entend pas dévoiler une histoire réelle, ou à venir.

C'est seulement un récit présentant un tout autre sens que celui que les mots le composant lui attribuent généralement et littéralement.

Dans les mythes enfin, la perspective de l'éternité ne s'oppose pas au temps humain, mais elle lui est totalement indépendante.

Mais les mythes ne doivent surtout pas devenir une croyance, sinon ils se transforment en dogmes, ce qui n'a pu être évité par les religions plus tardives.

À l'origine de toute création mythologique, on détecte cinq éléments :

1. Un fait indiscutable, un évènement considérable qui a durablement marqué la mentalité de telle ou telle époque.
2. Un conteur né, exemple Homère/ Platon.
3. Un auditoire prêt à tout entendre sur l'origine et le lieu du mythe, et malgré les incohérences ou affabulations du conteur.

Puis les légendes se succèdent et deviennent de l'histoire. Plus personne ne mettrait en doute aujourd'hui l'identité ou l'existence d'Antigone ou d'Andromaque.

Puis des hymnes se formèrent, des fêtes, des « mystères » comme celui d'Osiris. Et les mythes finirent par se mélanger, s'enchevêtrer. S'y ajoute tout naturellement le rêve d'une patrie perdue, d'un âge d'or à jamais éteint, et d'un passé désormais révolu.

Le mythe, assurément, doit être puissant, chargé de symboles et manifester la volonté des dieux, et il devient alors le patrimoine des individus qui ont fini par l'assimiler.

Comment un mythe devient-il l'Histoire ?

En voici un exemple.

Osiris a un fils, mais c'est désormais un dieu-souvenir. Même Isis va se consacrer totalement à Horus. La cosmogonie se teinte, ici, de politique économique.

Politique car elle va être désormais l'éternelle lutte du Sud contre le Nord, et économique car Seth est, par essence, l'**adversaire** obligé d'Osiris dans la mesure où la ronde des saisons et des cycles de la nature fait intervenir un vent violent, et desséchant, mais permettant cependant à la Nature de s'endormir pour mieux reprendre des forces.

Lutte donc et éternelle, et constituera la cosmogénèse des égyptiens.

Surtout s'il vient se surajouter au mythe un processus des plus naturels de germination. Si le gain de blé ne meurt pas, il sera stérile. S'il disparaît, au contraire, il vivra, mais sous une autre forme. Sans perdre de vue que l'épi de blé, nouvellement formé, porte à son tour des grains de blé. Parmi eux, le même que celui qui est mort il y a quelques mois.

Isis n'est pas oubliée, car elle va nécessairement, dans les « mystères d'Osiris », tenté de rassembler tous les morceaux, et y parviendra. Depuis lors, chaque mélopée s'enorgueillira de détenir un morceau du corps divin d'Osiris, à la manière des églises de Lalibela en Abyssinie, qui toutes détiennent la « véritable » Arche d'Alliance enlevée par Balkis, la reine de Saba.

Le mythe, considérablement enjolivé, mal traduit, mal récité, conservera -ce qui est paradoxal- son essence première, il ne viendrait à l'esprit de personne -surtout pas du conteur- de modifier quelque peu l'histoire. Osiris a été démembré, et mort, mais Isis est enceinte de lui.

Et Thot observe tout ceci d'une façon plus ou moins désintéressée. Et cela ne choque personne que Thot, pourtant tout puissant, n'intervienne pas : le mythe recèle et révèle en même temps le contenu incontournable d'un drame d'humanité survenu il a quelques décennies ou quelques siècles.

Le mélange entre mythe cosmogonique et lutte sur terre n'effraie donc pas l'égyptien des premiers âges, et s'il les confond, ce n'est absolument pas naïveté, pauvreté intellectuelle, mais parce qu'il y croit.

Une croyance est, quelque part, un acte de foi, mais ici la Foi suscite et surprend l'intelligence qui admet ce qu'on lui dit ou présente. Et à son tour, l'intelligence interroge la foi sous la forme « mais comment faites-vous alors pour… ». Or, il n'y a pas d'explication à un mythe. Il existe, tout simplement.

Et le mythe va engendrer, non des écarts de pensées, mais des réflexions, méditations dans le temple. Avec, en plus, la contemplation de sa description que l'on ne perçoit pas immédiatement. Il va engendrer des rituels, notamment comme les « Mystères d'Osiris ».

Il est difficile d'écrire que tout processus d'initiation a été généré par le respect d'un mythe. Osiris en est cependant le témoignage. Car il a bien fallu qu'à un moment donné de leur histoire, les égyptiens des premiers temps compilent leurs souvenirs et ceux de leurs « anciens » pour élaborer une pensée de leur existence.

Quelque chose s'était passée, réellement passé, il y a 10.000 ans, affectant l'ensemble des pays méditerranéens. Car autrement comment expliquer le formidable déluge décrit par les tablettes mésopotamiennes, datées plus ou moins exactement de 2.000 ans avant Jésus Christ.

Il n'y eut pas concordance dans les évènements ayant affecté l'écorce terrestre. Mais tout fut bouleverser dans le Sud de l'Irak actuel, tout fut détruit, un « poisson humain », venu de la mer, enseigna alors aux survivants les manières d'agir, à nouveau.

Peut-être ce déluge mésopotamien ne fut-il pas autre chose qu'un extraordinaire orage et une tempête violente des eaux, mais il marqua durablement les mentalités pour que les rares tablettes ayant pu être traduites, seulement au XIXème siècle, l'attestent avec force détails.

Le mythe de la fin non du monde, mais du monde de l'époque : tout fut transformer, réorienté, tout devait reprendre un sens, c'est-à-dire à la fois une signification et une direction.

Et pour se souvenir et pour transmettre, on « inventa » des rituels d'initiation où fut rejoué, éternellement la fin de leur monde que les anciens avaient connu.

CHAPITRE XI

Le passage des dynasties divines aux dynasties humaines

Il est évident aujourd'hui, au terme d'interminables investigations et controverses, que l'Ancienne Égypte -celle antérieure à Ménès et Djoser- fut précédée par d'autres civilisations.

Les égyptologues sont, en principe, d'accord pour voir une assimilation enter le Roi Narmer et Ménès, même si certaines chronologies les nomment, à différentes époques. La confusion est entraînée entre les dynasties dites divines et les rois humains, mais, apparemment, cela n'a jamais choqué les Égyptiens des empires s'étant succédés.

Car, avec le Roi Scorpion, beaucoup de modifications interviennent notamment dans les rites d'ensevelissement. À présent, les défunts sont enterrés dans des sarcophages de bois ou de pierre. Chronologiquement parlant, les égyptologues assimilent le Roi Scorpion à ce qu'ils nomment « les périodes pré-dynastiques », tout en oubliant un peu rapidement les époques précédentes.

Cependant, il semble avéré qu'une longue lignée monarchique se soit développée en Haute Égypte, vers 5.500 avant Jésus Christ[7], et même de sept reines ayant

---

[7] Ibid. p. 54.

régné en Égypte. D'où l'hypothèse, à présent avérée, d'un matriarcat originel.

Bien évidemment, le document le plus précieux, en notre possession, est le Papyrus Royal dit de Turin -c'est-à-dire conservé à ce musée-, car tous les règnes recensés le sont avec leur durée, ce qui est inestimable.

Le descriptif sommaire, car il ne reste que des morceaux, serait le suivant ; La première colonne est une liste de dix Neter et chaque noms est précédé des symboles de la Haute et de la Basse Égypte, c'est-à-dire le jonc et l'abeille. La deuxième colonne présente les rois ayant régné **avant** Ménès.

Ainsi, nous pouvons constater la présence de neuf dynasties avec notamment les « suivants d'Horus » ou les « Shemsou Hor ».

Ainsi pour : les Vénérables Shemsou, Hor, il faut compter 13.420 années

Pour les deux dernières lignes, règne jusqu'au Shemsou Hor, il faut additionner 23.200 années

Total 36.620

Puis, le Roi Ménès.

Si l'on admet cette chronologie, et pour le seul intérêt de l'énumération, on accepte que les égyptiens font remonter leur pré-histoire à 36.620 ans **avant** Ménès. De plus, si on conçoit que Ménès ait pu régner autour de 6.200 ans avant aujourd'hui –ou 4.200 ans avant Jésus Christ-

nous atteignons les origines des royaumes égyptiens à 42.000 ans avant aujourd'hui.

Vérifions auprès des historiens de notre passé.

Diodore de Sicile : pour lui, les dieux ancestraux et les héros divins ont régné pendant 18/20.000 ans.

Manéthon : donne à ces dynasties « divines » 15.000 ans et 9/10.000 ans avant Ménès, soit plus ou moins 25.000 ans.

Enfin, **Hérodote**, cité une nouvelle fois, rapporte que, selon les prêtres rencontrés « pendant cette longue période, le Soleil avait changé quatre fois de place de son lever ordinaire et qu'il s'est levé deux fois au point où il se couche actuellement... ».

Ceci pour tenter d'expliquer que des entités, ou des hommes, ont pu participer à un Espace/Temps n'ayant rien à voir avec celui qualifié d'historique.

Nous venons de voir que la limite entre un « dieu venu du ciel » et un humain était des plus floues. Plutarque nous en fournit un exemple. Il écrit que les « Pans et les Satyres » habitant les environs dans les marécages, les chemins du Delta, propagèrent la nouvelle qu'Osiris, enfermé dans un coffre, avait été jeté dans la mer[8].

---

[8] Plutarque : Mythe d'Osiris, cité par Schwaller de Lubicz, le Roi de la Théocratie pharaonique, Flammarion 1960, p. 121.

Puis, il poursuit « le coffre fut déposé à Byblos, au pied d'un tamaris, et Isis instruite de ce fait, transformée en hirondelle, ramena le corps en Égypte ».

La confusion la plus extrême est ici présente, mais ne choque point les égyptiens. Osiris, à l'époque de ce drame, aurait eu 28 ans et 28 ans de règne, et sa taille aurait dépassé 10 coudées royales, c'est-à-dire près de 5 mètres.

Cette indication est précieuse car le règne des géants ne figure nullement dans le système dynastique égyptien, et sa taille peut-être simplement de nature psychique, ou spirituelle, ou plus simplement significative de pouvoirs supranormaux.

Horus, le fils d'Osiris/Isis est le plus souvent, en tant qu'enfant, représenté le doigt devant la bouche, signe repris par certaines obédiences maçonniques à un certain degré, et sortant pareillement du lotus présentant la germination.

Le couple Osiris/Isis, toujours selon Plutarque, serait le Nil/et la Terre en Égypte.

Durant la période dite pré-dynastique humaine, le soleil aurait été dans le Lion, ce qui paraît expliquer soit la formation, soit l'évidement d'une falaise pour la statue du Sphinx.

Plutarque poursuit sa narration en affirmant que, selon des traditions qui lui avaient été rapportées, **l'Égypte était autrefois une mer**. C'est pourquoi on trouve, dans les mines et dans les montagnes, des coquillages.

Effectivement, d'après les fouilles menées dans ce sens, la couche supérieure du grès -qui occupe la plus grande partie du sous-sol de l'Égypte- contient des coquillages et des mollusques marins. Donc la présence d'une mer au secondaire est plausible.

Si, par ailleurs, il est avéré que le Sphinx eut une origine beaucoup plus ancienne que la datation dite classique, alors s'explique la présence de cette érosion dite maritime ou aquatique sur le corps de la statue, et qui ne serait pas due à la simple érosion des vents du désert.

Or, nous le savons, le corps du Sphinx a pratiquement toujours été enterré sous le sable depuis des millénaires, malgré les rares tentatives de désensablement. L'érosion constatée paraît, de ce fait, bien antérieure au début de la première dynastie humaine.

Ainsi, Thoutmosis IV -1430 avant Jésus Christ- le désensable suivant une stèle commémorative. Toutefois, selon Maspéro, la stèle du Sphinx porterait, à la ligne 13, le cartouche de Khéphren. Pour cet auteur, il s'agit simplement d'une indication du désensablement du Sphinx opéré sous ce prince[9].

---

[9] Maspéro, *Histoire ancienne des peuples de l'Orient classique*, p. 366, note 1.

CHAPITRE XII

Horus un grand initié

L'Oudjat d'Horus

Son œil eut une destinée mythologique exceptionnelle.

Comment s'explique-t-elle ?

Énucléé par Seth, Horus fut à moitié aveugle. Thot, qui jusqu'à présent n'est pas intervenu –au sens occidental du terme- vient cependant à son secours, Nephtys aussi, la femme de Seth et la sœur d'Isis.

Il s'agit bien de constellations célestes, et d'un drame cosmique se jouant à plusieurs niveaux.

Horus accepta-t-il ce que l'on pouvait considérer, non pas comme une défaite, mais un amoindrissement physique important de son être astral ?

Certains auteurs voient dans ce drame d'énucléation le parallèle avec les phases de la Lune. Là on superpose un mythe et la réalité lunaire, observable tous les vingt-huit jours.

Or, la mutilation grave, sanglante, privant Horus de ses facultés habituelles et nécessaires, est suivie par une reconstitution plus ou moins lente, et enfin d'une guérison, c'est-à-dire une plénitude retrouvée, voire même accrue.

Or, symboliquement dans la mentalité égyptienne, cette perspective n'est valable que parce que l'on accepte la destruction préalable. Si Horus n'avait pas été blessé, l'Oudjat et la **force positive** attachées à cette fonction n'existerait tout simplement pas.

Pour qu'il y ait plénitude, il faut que celle-ci s'**oppose** et **succède** ce que l'on a mis en péril.

Dans ces conditions, un être toujours intact **ne peut pas** constituer l'origine ou l'aboutissement d'un cycle. De ce fait, la souffrance est nécessaire.

Il a été également avancé que Seth -sans le savoir ou en le sachant- enlève à Horus ce qui l'empêche de voir réellement. Un peu comme une cataracte, un voile qui se déchire, empêchant une vision normale.

Alors que, dans le cas d'Horus, cette mutilation, suppression, ou opération chirurgicale, au choix, elle permet d'accéder à la véritable connaissance de l'Univers.

Enfin, l'œil d'Horus, dénommé aussi œil de Râ, œil de Tum, est une divinité des plus puissantes, assimilée au disque solaire. Par là, sa fonction serait de garantir l'ordre cosmique.

À présent, l'œil d'Horus est la capacité de créer quelque chose. Il lui manque assurément un degré de vision, à un certain moment, lequel engage une quête interminable, celle de réunir enfin tout ce qui était épars, l'œil d'Horus, simultanément exprimé dans un premier temps cette souffrance.

Mais un **regard créateur** révèle parfaitement la pensée égyptienne des premières ères dynastiques, celle-ci, fondée sur la Connaissance et non sur la croyance du charbonnier.

De quelle Connaissance s'agit-il ?

Celle des lois secrètes de l'Univers ou Héka qui, en hiéroglyphe, signifie « connaissance de l'invisible ». Avec la capacité d'y accéder. La référence en est 192 c, dans les Textes des Pyramides.

Comment, dès lors, y parvient-on ?

La magie est une aide précieuse, quasiment indispensable et là, à nouveau, l'œil d'Horus, puisque, curieusement, elle porte le même nom : Héka.

Qui voit plus loin que l'œil -même atrophié ou amputé, ou même guéri ?- est prédestiné car les Textes des Pyramides soulignent bien que c'est la magie Horussienne qui permet la résurrection finale de Pharaon.

Les égyptiens des premières dynasties n'ont pas été perturbés par l'appartenance de Seth au privilège d'Osiris. Seth a été vaincu, certes, par Horus -il est châtré-, mais il fait partie du dieu rouge de l'Univers. Il devient, à son tour, indispensable.

C'est ainsi qu'il nous est présenté à l'article 1067 b.

Critiquer un mythe, plutôt que de l'interroger et s'interroger, constitue, pour l'égyptien des origines, une faute contre l'esprit. Il ne lui serait pas du tout venu à l'esprit de mettre en doute aussi bien la légende d'Osiris que celle d'Horus.

Le Phénix, oiseau mythique par excellence de la littérature égyptienne n'existe pas dans la nature, ni dans aucun traité d'ornithologie, et pourtant il symbolise ce qui doit être brûlé pour accéder à une nouvelle Connaissance.

Ainsi, les différents symboles que nous proposent et la Science Sacrée et l'Astrologie, et le Livre des Morts, ne cherchent-ils pas à garder des secrets et à rester énigmatiques dans leur formulation comme dans leur conclusion.

Bien au contraire, s'efforcent-ils d'offrir à l'impétrant, ou au futur initié, des significations différentes.et diverses. Il choisira, à ce moment-là, celle qui lui correspondra le mieux. Quitte à revenir sur le sujet plus tard.

Enfin, une dernière précision le concernant, et toujours selon les Textes Pyramides, qui pourtant lui sont postérieures :

« Lorsque son œil se ré-ouvrit, sur le monde, il le **créa** ».

Ceci demande une explication que nous empruntons à Goethe qui écrivit : l'œil doit son existence à la lumière, ou inversement. Ce qui veut dire que la lumière a même produit l'œil pour qu'il l'a voit.

CHAPITRE XIII

Le Livre des Morts

Le Livre des Morts est d'abord une compilation de textes retenus sur la destinée humaine terrestre et l'Au-delà. Il n'a donc pas été écrit d'une seule traite et surtout pas par un seul auteur.

D'où l'incohérence remarquée des écrits entre eux qui ont l'air de se contredire. Surtout, il comporte une mentalité d'ensemble inabordable de nos jours, car elle paraît totalement illogique.

Passe encore que celui qui s'exprime soit le défunt, le futur mort, Osiris, un dieu quelconque, un animal, mais l'expression en une langue qualifiée de lapidaire, car réellement succincte et sans fioriture, laisse une impression qui désoriente nos esprits actuels.

Et pourtant, il est plus que significatif de la fascination que l'Au-delà exerçât sur les égyptiens des premières générations.

Reconnaissons honnêtement que les archéologues et les égyptologues de tous bords l'ignorèrent longtemps, car l'ésotérisme ou le spirituel ne les concernait pas, alors que précisément le spirituel est la clef de la mémoire et du comportement égyptien.

La vie après la Mort est donc le sujet central de ces textes, plutôt que « la sortie de l'Âme vers la lumière » qui, finalement, sera retenu plus tardivement.

L'opposition entre les dieux, entre le ciel et la terre, la synarchie entre les dieux lunaires et solaires -soleil et lune- revinrent inlassablement. Ce n'est pas un texte facile d'abord et encore moins figé une fois pour toute, car celui qui s'exprime parlera tout le temps du Devenir qui est la seule solution à tous ses problèmes.

Nous retrouvons donc, en le parcourant, car la lecture en est parfois fastidieuse, que l'Occident est bien synonyme de « mourir », mais pareillement d'un lieu extraordinaire, et heureux, désormais perdu. Il portera souvent le nom de « Bel Occident ».

De plus, c'est un port auquel on accoste, mais pour celui qui est sans pêché. Dès lors, l'Occident, le séjour, le royaume des morts est à la fois l'Au-delà et la terre initiale.

Hérodote n'écrira pas autre chose en parlant de ces contrées où le soleil s'est, à plusieurs reprises, levé, là où il s'était couché la veille. Donc quelque chose a disparu, une terre considérée peut-être pas comme un Paradis, mais qu'il est possible de retrouver. Il s'agit simplement d'y retourner.

Donc la mémoire des mémoires sera très utilement sollicitée.

Et, comme le souligne, à maintes reprises, le Livre des Morts, le mal du « profane », celui qui s'est coupé de ses dieux est de prendre, pour la vie, sa vie, ce qui est seulement sa mort.

Est-ce pour autant un « vade-mecum » permettant au défunt de s'y retrouver une fois passé la deuxième porte, au terme de la psychostasie ou jugement des morts ?

Mais la consultation permanente de cet ouvrage, mené au temps du Nouvel Empire, prouve à l'évidence que le séjour des morts, l'Île des Bienheureux, l'Amenta, restait toujours d'une importance primordiale.

Osiris, si souvent cité, comme dans les Textes des Pyramides, et considéré comme le premier ou le plus grand des dieux, serait le couple initial Ciel/Terre ou Soleil/Lune, au choix.

L'homme d'aujourd'hui se sent néanmoins perturbé par la fascination exercée sur l'égyptien des premiers temps par ce vestige incroyable intellectuel et psychique que représentait l'Au-delà.

CHAPITRE XIV

La construction des grands monuments

Les hiéroglyphes se disaient en égyptien « medou neter » signifiant exactement la parole de dieu, avec un subtil jeu de mots sur « medou » pouvant effectivement évoquer des paroles, mais bien aussi des « bâtons » permettant au pèlerins-voyageurs de se mettre en route. De plus, pour eux, les hiéroglyphes étaient des êtres vivants.

Le fondement spirituel des Textes des Pyramides est celui-ci : Effectivement, personne ne revient, ni n'est jamais revenu du Pays des Morts. **Mais**, lorsque l'être devient **lumière**, retrouvant ainsi une dimension universelle, il ne perçoit plus la mort comme une frontière infranchissable.

La vie n'étant jamais née : ne saurait mourir.

C'est le leitmotiv incessant et lancinant du Livre des Morts. Maât est de ce fait la principale intéressée, car elle représente l'harmonie, la justice et la justesse. Notamment la « justesse de voix », car la parole juste est indissociable de l'acte juste[10].

---

[10] *Textes des Pyramides*, 1776 a-b.

Nous retrouvons à nouveau cette Lumière dans les Textes où il est écrit qu'obélisque et pyramide sont des êtres vivants, eux aussi, capables de capter la lumière divine dans la pierre. La contrée ou lumière où apparaît le principe créateur –termes bien connus de sociétés à mystères- s'incarne sur terre dans le naos du temple.

Être lumineux (Akh) c'est être utile (Akh), ce sont effectivement les mêmes mots.

Mais la Lumière est pareillement indissociable de l'Énergie. En connaissant les fluides célestes et terrestres, qui véhiculent toute vie, on découvre que la puissance de la lumière est sans limite.

L'Univers, et partant la Terre, baignerait ainsi dans un océan d'énergie sans limite et c'est cette énergie primordiale, remontant à la création, qu'utilise Pharaon lorsqu'il devient un bâtisseur. Et ce, pour mettre singulièrement la terre en « rectitude » avec l'Univers dont elle est issue.

Ainsi, du Texte 2071.

L'énergie primordiale élève la main de Pharaon vers le ciel pour qu'elle supporte la terre.

(Le sans-barque à nouveau) 1188 c-d

Écrire que Pharaon est « la grande Parole » sous-entend qu'il peut créer quelque chose, la mettre en rectitude[11].

---

[11] 1100-b.

La Parole de Pharaon peut se concrétiser dans des formules pour monter, s'élever, voyager[12].

Faire vivre le ciel sur la terre, dialoguer avec l'invisible, tel fut le choix des premières dynasties avec ce que comporte l'anamnèse, la Mémoire de toutes les mémoires. En d'autres termes, retrouver au fond de soi, pour les concrétiser, les hymnes aux dieux qui n'étaient, ces hymnes, que des monuments élevés à leur gloire.

La contradiction, toute apparente cependant, entre la construction des Grandes Pyramides et le but final, ressort immédiatement, notamment après avoir scrupuleusement visité l'intérieur de celle de Khéops.

De nombreux auteurs se sont donc efforcés de trouver à ce monument mégalithique exceptionnel, de toutes autres significations. Pour nous, la solution serait plus évidente, car plus simple.

Nous l'avons, en partie, développée dans un autre ouvrage : celle de la construction, en tant que telle, **mais** pour rendre vivant le concept d'une nation égyptienne. La mobilisation de dizaines de milliers de fellahs et artisans pour cet exploit allait de pair avec le travail collectif de toute une population pendant la période des crues du Nil, où elle se trouvait ne pas travailler dans les champs inondés.

Multipliée par 2 ou 3 l'idée d'une nation qui irait se rassembler autour d'un Pharaon divinisé -car ayant maîtrisé, enfin, les imprévisibles crues du Nil- pouvait

---

[12] 1245-d-e.

correspondre à cette fascinante idée de nation, une des premières au monde.

Il faut vraiment écarter l'hypothèse selon laquelle la Grande Pyramide n'a été construite **que** pour la sépulture de Khéops.

Nous avons, par ailleurs, détaillé jusqu'au plus infime détail les trois évolutions architecturales concernant les trois projets d'une telle construction pour arriver au point que, finalement Khéops lui-même a différé, puis reporté, puis annulé son projet.

On ne construit pas une Grande Pyramide comme celle de Khéops -unique au monde par sa taille- uniquement par orgueil. Peut-être par humilité, décide-t-on, après coup, et après quelques années effectuées de construction, d'en abandonner l'idée.

Il se trouve que le nom de Khoufou figure à l'intérieur de la Grande Pyramide. C'est un peu le mauvais exemple d'archéologue, dans quelques millénaires, découvrant les ruines de nos cathédrales et travaux dans les cryptes, les mausolées, et descendants que sont ceux de nos rois du XIIème siècle.

Iraient-ils jusqu'à écrire que ces fantastiques cathédrales n'ont servi que de sépultures à une généalogie de rois de quelques millénaires auparavant ?

La Grande Pyramide offre une autre particularité -et celle-ci prouve, s'il en était besoin, qu'elle fut unique en son genre-. Elle possède quatre conduits, dont deux seulement mènent à l'extérieur, soi-disant pour permettre l'aération. Les deux autres, à partir de la chambre de la

Reine, sont, soit obstrués, soit n'ont jamais atteint la couche extérieure du calcaire.

Quoi qu'il en soit, les deux couloirs nous concernant, à partir de la chambre du Roi, sont respectivement orientés vers le Nord et vers le Sud, en direction de Sirius et d'Orion.

La construction de ces trois pyramides, et plus particulièrement de la première, a littéralement envahi et dévoré l'existence quotidienne de dizaines de milliers de personnes.

Par contre, il est inexact d'affirmer que seule la traction humaine a permis l'édification de Khéops. Des études ont montré qu'à partir d'un certain nombre d'individus, il est quasiment impossible d'imposer une cadence de halage. Dès lors, comment accepter des milliers et des milliers d'esclaves, fouettés jusqu'au sang, pour tracter des blocs de 100 tonnes, comme ceux du Temple du Sphinx ?

L'intérêt de la Grande Pyramide vient davantage donc de ce qu'elle **cache** plutôt de ce qu'elle révèle à des yeux simplement curieux et étonnés.

Des guides nous ont souvent répété : « Ici nous marchons sur un cimetière. Celui des pharaons, y compris le tombeau de Didoufri, l'énigmatique prince, fils adoptif de Khéops, et que l'on liste, bien que n'ayant pas régné, dans les pharaons de la IVème dynastie ».

Alors cette Grande Pyramide a-t-elle été -parce que **vide** à l'intérieur- un tumulus géant aux multiples chambres, y compris les secrètes, que l'on découvre chaque année grâce aux robots ? Mais sans pour autant percer la façade et sans pouvoir en concrétiser la virtualité.

Mais que devient alors cette gigantesque cuve de granit, conçue pour un homme grand ?

Elle est d'abord inachevée, sans couvercle, mal équarrie, rapidement sculptée. Pharaon représentant Ré, le dieu Soleil par sa victoire sur le Nil, était-il donc monté « vivant » au ciel, après s'être seulement endormi quelques heures dans ce cercueil ouvert ?

Imaginez un peu que l'on découvre la momie de Khéops et qui serait exposée au Grand Palais à Paris, comme le fut celle de Ramsès II, le public déferlerait par vagues successives et ininterrompues.

On a découvert les sépultures d'à peu près tous les pharaons, quelle que soit la dynastie concernée, même les plus humbles, les plus oubliés : on est toujours incapable de découvrir celle de Khéops.

Alors :

- Ou bien il est monté, vivant, dans les cieux
- Ou bien sa sépulture a été à ce point cachée que jamais personne ne l'a découverte... ou peut-être ne la découvrirons-nous jamais.

Didoufri, dont l'existence nous demeure énigmatique, quant à sa véritable origine, et surtout sa fonction exacte, se fit construire une pyramide. Le fait est totalement inhabituel, s'agissant d'un fils adoptif d'abord, et d'un homme n'ayant jamais occupé le siège suprême de pharaon.

Aucun document ne nous est parvenu justifiant de cette construction. Ajoutons simplement que la pyramide en question, à 10 kilomètres au Nord de Gizeh, ne dépasse pas les 80 mètres de hauteur, et est pleine à l'intérieur, comme le seront toutes les pyramides, avant ou après celle Khéops.

Cette reconstitution permet d'aborder un des points les plus surprenants de l'intérieur de la Grande Pyramide.
D'abord, la construction interne ne dépasse pas effectivement les 40 mètres de hauteur, ensuite une « pyramide à degrés » pourrait envelopper le tout, et enfin des projections de couloirs ou rampes d'accès sont prononcées à partir de la façade Sud-Ouest de l'édifice.
Enfin, et surtout, un essai d'une autre Grande Galerie est proposé en prolongement de celle existant déjà ou, pour être plus clair, immédiatement après l'entrée supposée réelle du monument dès sa construction.

CHAPITRE XV

Le déchiffrement des hiéroglyphes

Tout part de l'expédition de Bonaparte en Égypte emmenant avec lui un véritable régiment de savants en tous genres. C'est pourtant l'un deux, le Capitaine Boussard, capitaine d'artillerie, qui découvrit la fameuse pierre de rosette dans le fort de la ville.

Il s'agissait d'un bloc de basalte écrit en trois langues, dont la plus basse était en caractères épigraphique grec retraçant un décret de Ptolémée V en 196 avant Jésus Christ, les deux autres étaient respectivement le hiéroglyphique ou « lettre sacrée », et la dernière étant la démotique, c'est-à-dire la langue couramment pratiquée.

Le grec pouvait être donc une clef du décryptage, tout en s'apercevant que l'écriture hiéroglyphe, s'appliquant ici à un décret administratif, n'était plus seulement une langue dite « sacrée », comme au temps des anciens pharaons.

Sylvestre de Sacy, qui nous est connu par sa très intéressante traduction de l'ouvrage du médecin arabe, Abd-Al-Latif, sur la construction du Sphinx, commence ses travaux. Il s'aperçut que la démotique était plus ou moins voisin de l'arabe parlé et en s'aidant du grec, s'efforça de retrouver les signes dans les trois langues pouvant correspondre à un même dignitaire.

Sauf que le nom de Ptolémaïs ou Ptolémée surgit de ses études. L'anglais Young s'y attela également, mais à part la notation qu'un roi pouvait être écrit à l'intérieur d'un cartouche, il ne put progresser, c'est-à-dire définir, ce qui était le plus important, la valeur phonétique de tous ces signes.

Préalablement, en 1650, le Jésuite Kircher écrivit un mémoire selon lequel le copte avait nécessairement gardé la trace de son écriture et du langage de l'ancien égyptien. Ce qui devait grandement facilité la tâche, deux siècles plus tard.

Enseignant l'histoire à Grenoble, Jean-François Champollion -1790/1832- se voua à la solution de l'énigme. Il connaissait déjà la langue copte. Il découvrit alors que les noms propres, écrits en **grec**, devaient être écrit en caractères **égyptiens alphabétique**.

Pour lui, l'écriture égyptienne, quelle qu'elle soit, était **Une**, c'est-à-dire que l'hiératique était l'**abréviation** de signes hiéroglyphiques et que le démotique en dérivait. Donc, dans le hiéroglyphique, comme dans le démotique, il devait exister des signes à la fois à valeur **phonétique**, tout autant qu'alphabétique.

De plus, en comptant les signes hiéroglyphes, il s'aperçut ainsi que ces signes étaient beaucoup plus nombreux que les mots « correspondants » du texte grec. Mais, un fait permit brusquement son illumination : il reçut deux cartouches d'un obélisque de Philæ dont la base portait une dédicace à Ptolémée et à Cléopâtre.

Cinq lettres, communes aux deux cartouches, lui apparurent p.t.l.o.i. et cinq signes semblables se retrouvent dans les deux cartouches à leur place logique, dans les deux noms hiéroglyphiques. Donc, des signes semblables dans les deux noms **devaient exprimer** les mêmes sons. Ils étaient de nature entièrement **phonétique.**

Il faut bien se figurer que Champollion venait, parallèlement, de mettre à jour l'écriture égyptienne ancienne à partir de l'instant où il se confirme que seules les consonnes des mots étaient écrites, et non les voyelles.

Les leçons à tirer sont multiples. Champollion va, avec une facilité réellement déconcertante traduire des dizaines de documents et il apprendra aux savants de son époque que la plupart des noms royaux cités par Manéthon se **retrouvent** dans le célèbre Papyrus de Turin, preuve s'il en était pour l'authentifier et le rendre disponible aux chercheurs.

On put alors classer les mêmes monuments par époque. Il laissera, en mourant très jeune, un incomparable dictionnaire hiéroglyphique. Et désormais tout va prendre vie : archéologie, histoire, religion, reculant l'histoire égyptienne de plus de 3.000 ans.

Le Papyrus de Turin, dont il reste encore 300 petits morceaux, est de loin la plus précieuse indication de la chronologie des pharaons. Établi sous Ramsès II -vers 1.300 ans avant Jésus Christ- il donne, en effet, la liste de tous les souverains d'Égypte depuis les origines.

Mais justement qu'en était-il vraiment de ces origines au niveau de la datation ?

N'y avait-il pas, là encore, quelques méprises, fausses indications, exagérations ?

Eh bien, il faut conclure que oui pour les exagérations, mais par non pour les dates, tout simplement car la chronologie égyptienne relatée par les inscriptions sur les monuments, partaient de **dates naturelles**.

La plus valable et la plus connue étant incontestablement le lever héliaque de Sirius chaque année autour du 19 juillet et correspondant plus ou moins exactement à 365 et un quart de jour. Il fallait, selon les calculs 1461 années du calendrier pour que très exactement Sirius se lève à nouveau le 19 juillet.

De plus, les égyptiens notèrent soigneusement que le lever héliaque de Sirius se produisait tel jour de telle année de ce Roi ou d'un autre.

Grâce aux immenses travaux de Champollion, on put ainsi décrypter le calendrier des fêtes religieuses, gravé à Éléphantine, sous Thoutmosis III (18ème dynastie) et par ailleurs le lever de Sirius intervint sous Aménophis Ier le 18 juillet (aussi 18ème dynastie).

CHAPITRE XVI

Imhotep

Bien que l'hypothèse ne repose sur aucune donnée archéologique assurée, Imhotep fut de tout temps considéré comme un initié. S'agissait-il simplement d'honorer sa mémoire comme étant le Grand Architecte de Saqqarah, la demeure dite funéraire de Djoser ?

En fait, comme pour le roi Arthur, il y eut, semble-t-il, beaucoup d'Imhotep en tant qu'architectes. À la limite, certains égyptologues n'hésitent pas à le confondre avec le Hermès Trismégiste, le Mercure grec pour avoir fondé l'hermétisme qui, vraisemblablement, n'est apparu que bien plus tard. De là, à l'assimiler à un Sage/ Prophète ou Prêtre, et architecte- constructeur, il n'y avait qu'un pas à franchir.

Il lui est donné d'autres qualités, certaines fonctions médicales par exemple. Il serait ainsi un médecin capable de guérir les pires maux, un peu magicien sur les bords, mais c'est le métier d'apothicaire de l'époque qui le veut, la connaissance des plantes et minéraux, susceptible par leur essence cachée de redonner la vie aux plus démunis, lui était nécessaire.

Mais la Magie ainsi dévoilée n'est-elle pas autre chose qu'une illusion, faisant croire aux gogos que tout ce qui s'était passé sous leurs yeux n'était qu'un simple tout de passe-passe.

Quand il est écrit qu'il y eut plusieurs Imhotep, nous en voulons pour preuve une assertion d'un égyptologue mentionnant « Imhotep est apparu très tôt dans la littérature égyptienne, avant même son roi (Djoser)[13]. Il poursuit en précisant « Imhotep, maître de la Magie et de la résurrection ».

Par contre, son tombeau n'a pas été découvert dans les appartements dits funéraires de Saqqarah. D'un autre côté, Imhotep est très clairement inscrit sur l'avant du socle d'une statue de ce même pharaon, avec notamment, ce qui nous intéresse au premier chef, la liste des titres de l'architecte

D'abord « chancelier du Roi », c'est-à-dire pouvant faire état du sceau royal, « chef de grands domaines », c'est-à-dire administrateur d'un vaste domaine agricole, puis « chef des pats », ce qui voudrait dire un titre princier recouvrant la direction d'un clan fondateur et surtout « grand voyant » qui serait le titre supérieur du clergé et enfin « le maître-artisan des sculpteurs et des maçons ». Tout en faisant très attention à la tradition, cette fonction révèle enfin sa patte d'architecte et de maître d'œuvre.

Plus tardivement, Imhotep sera considéré comme le fils du dieu Ptah.

Tous ces éléments montrent assez l'importance de cet énigmatique personnage. De plus, sa qualité de lettré ou de scribe royal -à peu près la même définition étymologique- lui confère pareillement une fonction de sage car élu de Ptah.

---

[13] Michel Baud – *Djoser et la IIIème dynastie* – Pygmalion 2002 – p. 119.

D'ailleurs, là encore, les dynasties postérieures ne cesseront de lui rendre hommage comme le « père » de l'architecture mégalithique. L'époque le voulait certainement car il y a une coïncidence historique intéressante dans le fait que sous Ramsès II, on commence à restaurer les pyramides de l'Ancien Empire

Certains égyptologues soulignent qu'Imhotep aurait bénéficié du temple à Saqqarah même, mais Jean-Philippe Lauer, le découvreur du site n'en parle pas plus en avant. Le musée du Louvre détient une figurine de l'architecte, le crâne rasé, vêtu d'une robe de prêtre et tenant un papyrus dans la main. Sa qualité de thaumaturge, de guérisseur plutôt, le fera plus tardivement correspondre à l'Asclépios des grecs.

Mais il restera certainement dans la mémoire collective comme le préfigurateur de la pyramide de pierre, même si celle de Saqqarah est à degrés.

CHAPITRE XVII

Accueillir l'invisible

Là aussi nous manquons indubitablement de données permettant de situer à quel moment cette contemplation de l'invisible a fait irruption dans la vie spirituelle des anciens égyptiens.

Bien évidemment, les éléments normaux, quotidiens, de n'importe quel individu de la protohistoire des civilisations l'ont amené à percevoir que, derrière les incidents climatiques, les périodes de prospérité, fécondité ou de famine, une influence dont il était au départ totalement incapable d'en dénommer l'entité.

Une fois séparés, les aléas quotidiens de la vie terrestre entre ceux du Bien et du Mal, il a pu comprendre que certains de ses actes pouvaient ainsi avoir une influence sur sa destinée.

D'où le regard de l'imagination tourné vers lui-même, un regard devenant, au fil des siècles, plus pénétrant, et surtout plus intuitif. C'est dire par là le pressentiment et graduellement, la conviction, puis quelque chose de plus important, que lui avait une influence démesurée sur son comportement. S'il se comportait de telle ou telle manière, il en advenait nécessairement des résultats plus ou moins concrets. Dans l'avenir.

Donc, l'avenir, à la lueur du Passé, pouvait être prévu, prédit, envisagé. D'où les rôles des chamans ou sorciers dans toutes les civilisations.

Nous parlons du regard de l'imagination. Mais les autres sens étaient, à leur tour, sollicités : l'odorât, le goût, le tact, l'écoute, etc... L'invisible, ou ce qui en tenait lieu, pouvait être perçu, même à des doses infinitésimales.

Les dieux, qui apparurent à l'issue de ces observations, avaient l'apparence des éléments bienfaisants ou contraires, que cet homme envisageait. D'où une assimilation très subtile avec ce qu'il avait sous les yeux. Le vent, la terre, l'eau révélaient alors des formes fort singulières.

Et graduellement, toujours au fil des siècles, ces perceptions s'affinèrent pour tenter une approche non pas plus intelligente, mais intuitive de l'invisible. Cet invisible qui, progressivement, se révélât être un des concepts le plus important de sa vie.

Il y avait quelque chose que l'on ne percevait pas vraiment, ni réellement, mais dont paradoxalement la réalité paraissait beaucoup plus implantée que la vie terrestre.

La mort fit alors son apparition, non pas au sens d'une destruction ou disparition d'un être cher -parent, épouse, enfant-, mais d'un passage vers quelque chose ou quelque point d'une rare importance.

Où allaient donc les morts, une fois cette vie terrestre interrompue ? Existait-il une contrée où ils se retrouvaient et quelle en était la destinée. Pourquoi devinèrent-ils que l'Au-delà, où les morts étaient partis, pouvait être plus réel, et plus important que la vie terrestre ?

Personne n'en était jamais revenu pour leur raconter ce qui s'y passait. Mais ils peuplèrent ce royaume où les morts étant partis de qualités intrinsèques d'une rare intensité et densité, puis brusquement, il leur apparut un jour que ce séjour n'était non pas idéal, mais bienheureux.

Était-ce un Paradis inconnu ?

En tous cas, il tenait lieu de promesse. L'utilisation des cinq sens, précédemment évoqués, permet alors de visualiser très concrètement ce qui paraît se dérouler dans cet Éden.

De plus, ils eurent, à un moment, la prescience que ce séjour des morts avait pu être le lieu de leur origine, c'est-à-dire d'où ils étaient véritablement venus.

Et si on retrouvait ces origines ?

Alors les cinq sens, plus la mémoire fort aiguisée, permirent une prescience de ce Passé annonciateur d'un avenir qui facilita leur jonction.

Les origines et la fin se mélangèrent au point d'en désirer la réunion, ardemment et de ce fait la vie sur terre commença à paraître fade, inintéressante, et, finalement devait être entièrement tournée vers la mort, seule susceptible d'appeler enfin la réalisation d'une promesse, celle de devenir, peut-être, comme les dieux.

Pour saisir ainsi certaines réalités spirituelles -car ici la réalité remplace le quotidien- il a bien fallu être doté de pouvoirs supranormaux ou alors certains pouvoirs, attribués généralement à l'ensemble des individus furent, ici, portés à un haut degré de spiritualité.

C'est ainsi que les cinq sens, précédemment décrits, furent développés à un haut degré d'intensité, à la suite de profondes méditations ou autres contemplations.

Mais était-ce le matin ou le soir, juste avant que la nuit tombe brusquement, comme toujours en Orient ? La question n'est pas anodine dans la mesure où le moment, ou plutôt l'Espace/Temps dans lequel l'âme est dépouillée, jouera, là écore, un rôle déterminant. Mais, il ne s'agira, en aucune sorte, d'une prière ou d'une invocation à un certain dieu. Seulement une projection de l'esprit sur l'invisible.

Alors tous les cinq sens furent sollicités, chacun à leur tour, et tous uniformément et ensemble. Goûter la suavité d'une nuit approchant, la douceur du dernier vent du soir, embrasser par le regard les lieux situés au-delà des lieux quotidiens, etc…

Dès lors l'Espace/Temps, comme il vient d'être noté, revêt une réelle densité : quel est ce moment où l'obscurité ou les premières lueurs orange du levant incite, provoque, l'exacerbation des cinq sens ?

Et recevoir comme un don, une indicible présence. Et cette perception a pu se réaliser, seul ou avec des compagnons, la réflexion a pu pareillement advenir lors de la remémoration d'évènements survenus dans des époques antérieures, afin de la méditer, les observer plus ou moins attentivement, en tirer des enseignements, pour comprendre l'avenir qu'ils avaient devant eux.

Comment ces initiés y sont-ils parvenus ?

Car, à première vue, s'occuper, il y a 5.000 ans -ou plus- de l'Au-delà pour le percevoir comme un continent physique situé soit hors de l'horizon oriental ou près Orion, peut paraître invraisemblable à nos yeux du IIIème millénaire, préoccupés de pures matérialités. Il fallait d'abord en avoir un souvenir avant même de parler de conscience.

Et c'est là, bien sûr, où le bât blesse. De quel souvenir s'agit-il ? Était-ce un psychisme, exacerbé, au cœur d'une entité multiforme et résultant en une nébuleuse, où tout était encore diffus, non corporifié, ou plus logiquement -mais est-ce si évident- un très vague et fort lointain souvenir d'un continent édénique, disparu sous la colère des dieux et les tumultes marins.

En tout état de cause, ils accueillirent l'invisible comme étant leur inséparable vérité. Il leur appartenait désormais de le retrouver. D'abord, bien intelligemment rassembler tout ce qui pouvait être le royaume des morts, celui-ci disparu lors d'un phénoménal cataclysme à l'échelle terrestre -ou cosmique ?- et à partir de là, construire, idéalement l'Au-delà avec ses villes, ses rues, ses noms, -les mêmes que sur terre à l'évidence- comme pour mieux s'y retrouver.

CHAPITRE XVIII

Drame dans le ciel et drame sur terre

Faut-il entendre par là des cataclysmes cosmiques où les dieux s'affrontent pratiquement à mort ou dans des luttes intestines, propres à toutes les civilisations ?

Avec l'Histoire de l'Égypte nous sommes obligés, non de faire la part des choses, mais de les confondre. Selon le Livre des Morts, le défunt a participé aux combats fratricides des dieux et a tenté, mais en vain, d'intervenir et d'y mettre fin.

Le panthéon égyptien, et la cosmogonie des dieux vont finir par se confondre avec une histoire bien réelle celle-là, et qui s'est déroulée, non pas il y a quelques millions d'années mais quelques milliers d'années seulement.

Le point de départ est l'Amenta.

Pourquoi ?

Sur Vénus, le soleil se lève à l'Ouest, comme sur cette terre il y a longtemps. Puis, à la suite de l'évolution tout à fait normale de notre planète et des cieux l'entourant, des mouvements incertains et brusques tout autant que violents se produisirent.

Des météorites aussi gros que notre planète l'effleurèrent ou s'y incrustèrent en partie, la terre pivota sur son axe et le soleil, qui s'était levé à l'Ouest, se leva, un beau jour, à l'Est. Des continents s'effondrèrent, dont le sol constitue aujourd'hui le socle de l'océan atlantique et de la méditerranée.

Y eut-il des survivants ?

Sans aucun doute car, comme dans tout cataclysme, il y a nécessairement des signes avant-coureurs de la catastrophe finale.

Nout, la déesse-mère, donna naissance -telle une vierge- à Osiris après un effleurement d'une mystérieuse entité, ou le son d'un verbe. Mais Geb, son époux, lui donna à son tour un fils, Seth, son demi-frère, puis les jumelles Nephtys et Isis. C'est ainsi que débute la cosmogonie égyptienne.

Hérodote, cite à maintes reprises, les prêtres de Saïs lui confirmant que la terre avait, plus d'une fois, basculée sur son axe et là où le soleil se lève, il avait disparu. Il disparut avec la fin de la catastrophe cosmique. Des milliers de personnes succombèrent. Ce fut, et ce devint, leur séjour, le royaume des morts, nommé **Aha-Men-Ptah** ou le lieu où se couchèrent les dieux.

Puis, les rares survivants abordèrent où sur la côte Ouest actuelle du Maroc ou en Méditerranée au Nord de la Libye actuelle, et se divisèrent nécessairement en plusieurs clans, devenant progressivement hostiles les uns aux autres en raison de la provisoire et éphémère survie, suivie de prospérité de l'un d'entre eux.

Aux uns de se poser au Nord de l'Afrique, aux autres de poursuivre leur migration jusqu'au fleuve Nil. Avec, pour les seconds, l'éventuelle hypothèse d'une nouvelle terre promise où leurs chefs finirent par mourir. Et les luttes fratricides commencèrent entre les tenants d'Osiris puis d'Horus et ceux de son demi-frère Seth.

Seth fut le vent du désert, le dieu-roux, l'ennemi qui devint héréditaire jusqu'à Ramsès II. L'autre devint un grand chef politique jusqu'à ce que Horus -il y eut plusieurs Horus comme il y eut plusieurs Imhotep et plus tardivement plusieurs Arthur de la légende du Graal- remette les clefs de l'Égypte au premier roi humain, Ménès.

Les fresques du Tassili, du Hoggar, de part et d'autre du tropique du Cancer, sont à la fois innombrables et surtout foisonnent en indications sur ces différents clans, et leur acharnement à se combattre et à se détruire, sans y parvenir jamais.

Mais le pli était pris. Et si ces fresques montrent tout aussi bien des hippopotames que des éléphants, des femmes-prophétesses ou reines, que des cavaliers armés de lances ou chevauchant des chars, il y a 5.000 ans, ne doit pas nous étonner.

Ces fresques reproduisent, à l'identique, ce qui s'est réellement produit et dont les artistes se souvenaient par la mémoire de leurs ancêtres. Avec des types berbères à peau pâle, aux cheveux bonds-roux et plus bas, ce type plus ou moins nubien, non négroïde toutefois.

Les berbères, Kabyles et Touaregs actuels pourraient être leurs descendants. Ils finirent même par occuper de très vastes oasis au Nord-Ouest de Khartoum, dont les vestiges nous parlent encore, avec des rivières souterraines. Puis leur pays s'ensevelit sous la chaleur et le sable, et le massif rocheux.

Ils émigrèrent plus au Sud des forêts équatoriales ou plus au Nord, au Sud de la Grande Mer. Les autres s'établirent au creux du delta, le long de la rive Est et jusqu'à la 1ère cataracte.

Les Garamantes -peuplade déjà citée par Hérodote et qu'il a peut-être rencontrée- seraient, eux aussi, des survivants de la désertification du Sahara. Leurs traces se découvraient encore au terme d'un défilé de 60 kilomètres de longueur, jusqu'à la source de l'oued Malhendon en Libye actuelle.

D'ailleurs, ce même défilé a pu être considéré, par certains ethnologues, comme le point de départ d'une route saharienne, c'est-à-dire capable de recevoir des attelages de chevaux avec des chars à roues ferrées.

Garama, selon certains auteurs, voudrait dire « double lieu sacré du soleil », comme pour signifier la double existence du soleil au gré des bouleversements de l'évolution.

Les pétroglyphes représentant de longues files d'éléphants, en Libye du Sud, permettent de conclure que les hommes les ayant gravés étaient contemporains de grandes prairies, nécessaires à ce type d'animal, c'est-à-dire plus ou moins 20.000 ans avant notre ère.

Et ce, avant la désertification progressive comme le phénomène climatique rendu possible par ce bouleversement de la terre. Lequel fut probablement la conséquence d'un énorme météorite venant la percuter il y a quelques 10.000 ans, si l'on retient cette hypothèse.

Par contre la figuration de girafes paraît, elle aussi, être postérieure, c'est-à-dire 12.000 ans avant notre ère.

En revanche une énigme demeure : la découverte, au Fayoum, -Sud du Caire- d'ossements d'éléphants, pose la question de la date de leur présence/disparition.

À noter, mais sans vouloir nécessairement y apposer une quelconque connotation, d'abord spirituelle, que la plupart des fresques du Tassili sont orientées devant le nouveau soleil se levant désormais à l'Est, les éclairant d'une lueur rougeâtre au lever du soleil. Lhote, un grand archéologue, décrivant ces fresques alors, indiquait « elles prennent vie ».

Peut-on dater plus ou moins exactement cette catastrophe ayant amené des survivants d'un continent (ou île) disparu ?

Le zodiaque de Dendérah pourrait nous donner une précieuse indication. Car l'astrologie découlant de l'astronomie -tôt découverte- nous en donne des détails.

Il semblerait, si on se rapporte à ce zodiaque, que l'évènement se produisit lorsque le soleil était à la constellation du lion. Le lion se retrouve dans la barque mendjet -celle des derniers flots- correctement situé sur le cycle des douze constellations.

À propos de hiéroglyphes, M, ou mm, signifie effectivement l'eau, mais plusieurs mm signifient une catastrophe maritime.

Il faut se souvenir de la brusque glaciation intervenue en Sibérie, il y a presque exactement 10.000 ans, et la soudaine disparition des mammouths dans le ventre desquels on retrouve encore des herbes non digérés, preuve de la brusque et soudaineté de l'évènement.

C'est à ce propos qu'il convient de citer l'écrivain et historien Diodore de Sicile, qui écrit :

« Les égyptiens pratiquaient, en l'honneur des animaux sacrés, des cérémonies incroyables dont il est impossible de donner une explication logique, rationnelle, et surtout l'origine ».

Les correspondances entre l'astrologie, le culte des animaux sacrés, et l'histoire, se confondent à ce point de s'identifier et de s'authentifier.

CHAPITRE XIX

Sens de la Grande Pyramide

La première idée qui vient immédiatement à l'esprit d'un profane, sortant de la Grande Pyramide de Khéops, est de se dire : « Déplacer 25 millions de tonnes de granit dans le seul but de construire un tombeau, vide, est démesuré et encore inutile. »

Et la fascination de tout ancien égyptien pour l'Au-delà, plus ou moins abordé par le guide, n'exerce sur lui aucun effet. L'âme n'existant pas actuellement. Donc, question : à quoi sert cette pyramide ?

Le soir, à l'hôtel, un autre conférencier, lui, parlera de toutes les hypothèses envisagées : Testament, Bible d'un savoir perdu, connaissance mathématique de la pensée, fin du monde probable en telle année, etc. astrologie, astronomie, etc.

Et plus. Il présentera de significations, moins il sera capable d'en trouver une satisfaisante.

Nous l'avons examiné dans un livre précédent, le colossal effort mis en jeu, par des dizaines de milliers de personnes, au cours de la IVème dynastie, est justifié par le désir de créer, à travers une unité de travail, le concept d'une nation. Et ce fut parfaitement réussi. Donc, ce qui comptait pour la pyramide, ce n'était pas sa finalité architecturale, mais sa **construction elle-même**.

Il est facile, après coup, d'envisager une toute autre solution qu'un immense travail collectif pour créer une nation, ne serait-ce qu'un vaste plan de maîtrise des inondations à répétition, ou une déviation du cours du fleuve, une nouvelle fois. Mais tout était déjà en cours.

Khéops, cet étrange pharaon, doublé ou non - physiquement parlant- d'un mathématicien et d'un astrophysicien, parvint à maîtriser parfaitement les crues du Nil. C'est même là la base de sa divinisation et du premier monothéisme de l'histoire des religions.

Quant à dévier le cours du Nil, celui qui courait sur 2.000 kilomètres était bien le dernier en date, faisant bénéficier de ses alluvions des terres, autrefois stériles car désertiques. Quelqu'un s'en était donc déjà chargé.

Pourquoi une civilisation meurt-elle ?

La question vient d'être posée dans un autre chapitre.

Est-ce à dire seulement, que le projet ayant été mené à son terme -l'idée de nation- cela n'intéressai plus personne de le poursuivre ?

Est-ce à dire que des rivalités inhérentes à tout projet, quel qu'il soit, et plus encore s'il affecte la vie politique du pays, empêchait, définitivement, toute progression ?

Il est facile d'écrire que l'on construit, encore, des pyramides, à peine passée, éteinte, achevée la IVème dynastie, mais jamais aucune d'entre elles n'atteignirent la perfection de Khéops.

Mieux encore. Tout comme celle de Dachour, elles s'effondrèrent, ne ressemblant plus, aujourd'hui, qu'à une vague colline de gravats. Le même phénomène se produisit pour l'art pictural. Celui des dynasties suivantes semble être l'œuvre d'enfants au collège et d'apprentis peintres.

Mais passer d'une économie de village à celle d'un état est un exploit hors du commun, il y a 5.000 ans.

Là encore une nouvelle hypothèse se présente, relative à l'action prépondérante des grands initiés. Susceptibles d'être des guides de l'humanité égyptienne, car survivants d'un continent disparu où dieux ancestraux plus ou moins humanisés, ils joueraient un rôle non négligeable dans l'édification des grands ensembles mégalithique.

Nous avons pu écrire par ailleurs que, par l'hypnose, des médecins égyptiens guérissaient certains maux en imaginant artificiellement dans la conscience de leurs patients des images nouvelles susceptibles d'améliorer leur état.

Il a pu en être pareillement de l'édification des pyramides et obélisques où, par l'hypnose, les architectes arrivèrent à reconstituer physiquement ces édifices, ne les ayant d'abord jamais vus réellement, ni ne possédant aucune donnée, soigneusement conservée dans une quelconque bibliothèque.

C'est-à-dire que, là encore, le « spirituel » parvint à « créer » le physique.

Ici la reconstitution présente de multiples aspects.
*D'abord, elle permet de visualiser que la construction **interne** s'est vraiment arrêtée à 40 mètres au-dessus du plateau rocheux, et qu'au-dessus des chambres de décharge un immen-se espace de près de 100 mètres de hauteur peut valablement contenir d'autres chambres secrètes, et pas seulement de la pierraille ou des gravats.*
Ensuite, les 4 corridors/couloirs connus sont bien répertoriés : 2 sont situés à l'aplomb de Sirius et d'Orion, tandis que les 2 derniers sont « obstrués » et ne débouchent sur rien.
Puis, une rampe d'accès des matériaux partirait de l'angle Sud-Ouest de la Pyramide pour rejoindre l'une ou l'autre des Grandes Galeries. La seconde étant enfin l'idée majeure pour expliquer l'arrivée de blocs de granit de plus de 60 tonnes, à l'intérieur du monument.
Les lignes rouges concernent donc respectivement :
- *L'accès par l'Est*
- *L'accès par l'Ouest*
- *Les liaisons existantes toujours entre la chambre de la Reine et la chambre souterraine.*

CHAPITRE XX

La nostalgie des origines

Pourquoi, également, du temps des Ramsès, c'est-à-dire au Nouvel Empire, recherchait-on avec autant d'énergie et de détresse le légendaire Pays de Pount ?

D'où vient cette expression « la première fois » ?

A-t-elle une signification théologique -un dieu créateur- un sens cosmogonique -le point de départ de nos origines- ou simplement le récit très abrégé d'un évènement historique mais d'une très grande portée.

Car, à n'en pas douter, l'état pharaonique des premiers temps, celui que nous considérons comme la première dynastie humaine, a cherché, par tous les moyens, à recréer cette première fois.

Donc, ils en avaient, inconsciemment ou non, le souvenir plus ou moins exact, plus ou moins précis et parce qu'il coïncidait avec un fait d'une importance primordiale.

Toutes les civilisations, notamment la sumérienne, ont évoqué, avec force détails, la venue des dieux soit du ciel, soit de la mer avec des tentatives -désespérées, pourrait-on écrire- de les retrouver par une hiérogamie célébrée sur la dernière terrasse des ziggourats.

Retrouver ce monde perdu, d'où les dieux étaient venus mais où ils étaient malheureusement repartis, fut leur préoccupation première, bien au-delà des soucis de la vie quotidienne. Le « Douât », qualifié à tort de « monde inférieur » pouvait être dès lors une région bien délimitée dans le ciel où ces mêmes dieux devaient résider -encore-.

Certains textes paraissent le situer à l'Est, là où le soleil va se lever, c'est-à-dire quelques temps auparavant. Ce qu'ils appelèrent la « fausse aube », comme pour signifier qu'elle avait un sens fort particulier, à l'image de la fausse porte ou de la « fausse barbe ».

La première fois est assurément l'élément fondateur de l'Égypte Ancienne, bien avant l'époque des 3.000 ans avant Jésus Christ, attribuée à Ménès.

L'intérêt, l'insistance, manifeste d'ailleurs, de l'Ancien Empire -c'est-à-dire ce même Ménès- pour cet élément fondateur, non prouvé avec certitude qu'ils étaient absolument convaincus d'avoir **subi une influence** quelle qu'ait été sa forme et sa constitution, à l'origine de leur civilisation.

Le fait d'après, tant le Papyrus de Turin, que Manéthon, de lire une chronologie des dieux ancestraux de plusieurs centaines d'années ne doit pas nous surprendre. Et cela n'a pas dû les surprendre non plus.

Avant l'élaboration de leur calendrier et de leur écriture, l'Espace/Temps égyptien ne pouvait pas avoir la même forme qu'aujourd'hui. Et même qu'un pharaon ait pu vivre plus de 60 ans -alors que la mortalité frappait alors très jeune- ne les surprenait pas davantage.

À partir de Ménès, à qui Horus a remis les clefs de l'Égypte, nous entrons dans la création d'un évènement cérémonial à nul autre pareil dans les autres civilisations, et ce, pour des raisons inconnues. Évènement tout aussi singulier qu'adapté à la longue lignée des rois humains dont l'Égypte va se doter. Aux dynasties divines, vont succéder à présent des dynasties humaines qui en seront les héritières.

Est-ce pour cette raison que des monuments cyclopéens, d'un calibre exceptionnel par la densité et les énormes blocs de pierre utilisés ont été érigés ? C'est-à-dire pour permettre à des initiés, ou reconnus comme tels, de s'apparenter aux derniers survivants de ces dynasties divines, lesquels étaient dotés de pouvoirs supranormaux.

Dans ces conditions, ces monuments mégalithiques furent-ils simplement des chambres d'enregistrement de leur tentative pour rejoindre la Douât, considérée comme autant le séjour des morts comme celui des dieux, ou plutôt comme le royaume de la véritable vie ?

La Douât, dans ces conditions, n'a absolument rien à voir avec une région des ombres souterraines abondamment décrite par des égyptologues. Elle serait plutôt située dans une région bien déterminée de l'Univers des cieux.

À cet égard, rappelons que, de tout temps, les égyptiens aimèrent parler des fausses-portes, des fausses barbes, de leurs ancêtres, même de celle des pharaons. Le terme « fausse » ne veut pas dire « non vraie » mais cachées, voire même dissimulant un autre fait, une autre identité.

Pour l'égyptien des origines, il ne s'agissait pas du tout de sa généalogie, mais de retrouver, par la mémoire, ses plus proches ascendants, d'autant qu'il n'existait pas véritablement de recensement, ni d'archives paroissiales à l'image de l'Occident.

D'autant qu'il s'agissait plus des origines de son être.

Pour cela, il lui fallait adopter une certaine attitude d'esprit, à commencer par le retournement du regard, lequel retournement devait être analysé de deux façons :

- D'abord, intérioriser son regard, c'est-à-dire lui faire oublier le quotidien et le monde visible ;
- Ensuite, chercher très loin dans sa mémoire ce qui avait pu motiver cette nostalgie, même si cela remontait à des décennies, voire des siècles.

Se souvenir, oui mais ne rien inventer, et retrouver son être spirituel, lequel, au gré des drames cosmiques, abondamment cités dans le Livre des Morts, a pu passer d'une sphère d'astralité à une autre sphère. Cette entité spirituelle l'a toujours suivie.

« **Car j'ai fait de mon mieux pour réduire les désastres d'autrefois** »[14].

Ce n'est pas du tout de la métempsychose ou de la réincarnation, parce qu'il s'agissait d'une forme et non d'un corps humain, mais pouvant se transformer au gré de l'évolution de l'Univers.

La préscience de l'Univers chez l'égyptien de la première époque est ahurissante. Il était pleinement persuadé d'en faire partie à cause de ces formes évolutives,

---

[14] *Livre des Morts*, Chapitre CXXX

le Soleil se formant, puis la Terre s'en détachant, et la Lune, enfin, se séparant de la Terre.

Ainsi de cette phrase « **le dieu du fractionnement de l'Univers se trouve à ses côtés** »[15].

À trop parler de science sacrée -religion de nos jours- on pourrait fausser la perspective spirituelle qui en fut le motif, et la matière de l'action des premiers égyptiens. Car cette spiritualité-là, fut d'abord un engagement.

Personne n'est capable d'écrire comment les fameux mythes de l'origine du Monde naquirent sur cette terre d'Égypte.

Bien sûr, on parlera de la **Première Fois**, des entités mystérieuses ayant présidé à la formation de l'Univers jusqu'au jour où on reconnaîtra que les drames d'Osiris et d'Horus purent être des cataclysmes cosmiques d'une réelle envergure.

Car, malgré le scepticisme dit scientifique de certains auteurs, il semble bien que les croyances égyptiennes dans le devenir des hommes, l'Au-delà, soient apparues -certes après quelques tâtonnements- dans un état déjà parfaitement élaboré. Un peu comme la Grande Pyramide.

L'ensemble des indications géographiques du Livre des Morts ne se rapporte pas du tout à une carte de l'Égypte, mais à des localités spirituelles de l'Au-delà.

---

[15] *Livre des Morts*, Chapitre CXXXI

Par exemple lorsqu'il est écrit[16] : « J'ai parcouru toutes les routes de Sekhem à Héliopolis ». Il faut bien concevoir que l'on parle d'une autre terre, dans une autre vie.

En réalité, des villes comme Busiris, Abydos, Hermopolis étaient, déjà, des lieux d'initiation renommés. Cependant, malgré leur existence physique, celles-ci n'étaient, aux yeux des initiés, qu'illusoires à défaut de provisoires.

Le mythe, la légende, l'Histoire, ici, finissent par se confondre, mais précisément joints inévitablement dans l'esprit de ces égyptiens, au fait que tout ceci était réellement arrivé ou pouvait se reproduire.

Un exemple nous est fourni encore par le Livre des Morts. Il est indiqué qu'une plante, disparue, mais d'un devenir sommeillant en elle dans sa graine, est susceptible d'améliorer la condition humaine. Quelque chose est détenue par elle, souvenance d'un passé antérieur, et qui demeurera ainsi, tant que l'on ne prendra pas la peine de l'utiliser.

« Vous possédez en vous, sans le savoir, une certaine richesse spirituelle », l'épanouissement des facultés intérieures invisibles devenait possible. Ici réapparaît la notion de monde « imaginal », développé dans un autre livre[17].

L'exemple ci-dessus était destiné à illustrer le processus d'immersion efficace de l'homme.

---

[16] *Livre des Morts*, Chapitre LXII.
[17] *Le Symbolisme maçonnique de l'Ancienne Égypte*, J Rolland.

La lente maturation des entités spirituelles, jusqu'à ce corps humain et terrestre que redécouvre cet égyptien, va s'accompagner d'un acte de croyance, nous pourrions presque écrire de foi. Cette croyance en l'Au-delà, et à chaque génération, même s'il s'agit du même homme, et même s'il s'agit de quelques-uns de ces initiés, va agir au bénéfice de tous.

La même vie donc sur plusieurs centaines d'années, mais **autrement**, car des fenêtres sur l'Univers viennent de s'ouvrir.

Alors vivaient-ils ce fait spirituel dans une illusion trompeuse ? Ou ce phénomène était-il la réalité ?

Nous ne le saurons jamais, sauf à accepter que pendant des millénaires des gens très intelligents y ont cru.

L'Amenta

Pourquoi l'Ouest a-t-il été choisi pour être le royaume des morts ?

Quelle que soit la situation géographique des pyramides ou Vallée des Rois et des Reines, les morts sont enterrés du côté Ouest. Jamais du côté Est de la rive du fleuve, par exemple, ou sur une autre face d'une pyramide.

Certaines hypothèses sont avancées. Parmi celles-ci, le rappel historique que les premiers habitants du pays qui devait devenir le leur étaient le Hoggar, le Tibesti, dont ils furent chassés par la désertification progressive. Et où ils avaient été heureux et vécu en harmonie avec l'environnement jusque-là.

Mais un autre mémorial surgit. Celui d'un continent entre l'Amérique et l'Europe d'alors, il y a 10.000 ans, et qui s'effondra pour s'engloutir dans les flots tumultueux des océans.

Des signes avant-coureurs avaient dû se manifester pour enjoindre à certains initiés de fuir au plus vite. Ceux qui, effectivement, parvinrent à s'échapper devaient peut-être habiter des contrées proches de l'Afrique. Ils accostèrent sur les rivages du Maroc actuel, qui, selon le Maréchal Hubert Lyautey, signifiait Magreh al-Aqsa, c'est le lieu lointain.

Pour C. Jacq, l'Amenta, le séjour des morts s'écrivait Imenet. Donc dès le commencement de la nouvelle civilisation s'établissant autour du fleuve Nil, le séjour des morts fut **authentifié**.

Il est très possible, donc vraisemblable, qu'au cours de cet exode certains clans se soient provisoirement établis dans la Libye actuelle, plus particulièrement au Sud-libyen, avec un type facial ne les apparentant pas du tout aux arabes, mais plutôt aux berbères. C'est-à-dire, grosso-modo, une peau plus pâle, des yeux bleus et une monogamie ayant amené des femmes-prophétesses à devenir les chefs de ces tribus.

Le culte des morts a toujours été très vivace pour tous les peuples dès la plus haute antiquité. Le point de départ étant le souvenir que le défunt pouvait laisser parmi les siens. Mais dès que l'idée de l'âme a surgi, s'est trouvée attachée à elle, la nostalgie d'un séjour bienheureux et la perspective d'un Au-delà retrouvé.

Deux phénomènes cependant, consciemment opposés. L'embaumement, les rites s'y trouvant attachés, avaient pour objectif de poursuivre, même au-delà du possible, l'intégrité du corps physique.

Dès lors, l'âme avait un double but : se prolonger le plus de temps possible dans la vie terrestre pour lui permettre de perpétuer le même corps, et ne pas perdre de vue l'ombre dont elle était issue. D'où la nostalgie des origines.

« **Et après le grand écroulement des mondes, j'ai remis** « **de l'ordre dans les circuits célestes** » - Chapitre XVI

Et « **Pendant la nuit des catastrophes au milieu des** « **ténèbres...** » - Chapitre XX

Que ces origines soient d'ordre purement éthérées, spirituelles, dans une certaine mesure, s'expliquent aisément.

- Ou bien l'Humanité s'est lentement formée au cours de millénaires passant d'un état informel, nébuleux, à une structure plus physique, et dès lors naît le souvenir d'un état de grâce où tout était -peut-être- parfait.
- Ou bien, et cela est plus proche d'une certaine réalité géographique, il y eut un temps assez proche du nôtre, où vécurent, plus ou moins en harmonie, certaines peuplades avec des civilisations plus ou moins avancées.

La « plus ou moins avancée » correspond à ce que Stephen Hawking souligne en affirmant que le développement de l'Univers ne s'est pas produit uniformément et qu'il y a des contrées de cet Univers en avance ou en retard par rapport à d'autres. Ce qui a dû aussi se produire sur Terre.

Il est très possible également que le souvenir d'un **âge d'or** ait été très puissant et ceci fort longuement pour comprendre cette nostalgie. De là, l'enterrement d'un corps mort, dans d'extraordinaires rites d'embaumement, tourné vers l'Ouest, c'est-à-dire le pays dont ses parents et lui-même étaient issus. Afin qu'il ne perde pas de vue cet âge d'or, appelé à être présent en lui.

Afin de le perpétuer.

S'y ajoute un autre élément, considéré comme une hypothèse scientifique. Nous savons que sur Vénus le soleil se lève à l'Ouest. Selon le Livre des Morts, le soleil s'était aussi levé à l'Ouest sur Terre, jusqu'à ce qu'un épouvantable cataclysme bouleverse la Terre, la fasse basculer sur son axe et le soleil qui s'était levé la veille à l'Ouest pour se coucher normalement à l'Est, se leva, un jour, précisément à l'Est.

Quelque chose de vital pour les populations d'alors venait de se produire. De quoi effectivement en perdre la raison.

La réunion des deux Terres, la jonction des deux royaumes, celle de la Haute et de la Basse Égypte, tout comme celle de Meskel et de Tehenet -deux régions de la Duat, ou du monde inférieur- n'est-elle pas, en quelque sorte, la nostalgie des origines, ce lien entre l'Amenta et l'Akt-Kâ-Ptah.

Pour résumer, nous pouvons appréhender 3 hypothèses :

1.- Les désordres cosmiques amenèrent l'irruption d'entités divines sur terre avec la nostalgie des origines pour ce paradis perdu.

2.- Un cataclysme, atteignant l'ensemble du globe, amena certaines civilisations à fuir le continent où elles avaient jusqu'à présent vécu, pour accoster en Afrique. Laissant ainsi derrière elles, à l'Ouest, le souvenir de leur âge d'or.

3.- Enfin, un cataclysme, de type différent de ce déluge marin, bouleversa l'axe de la Terre et le soleil qui s'était levé jusqu'ici à l'Ouest, se leva désormais à l'Est. D'où la mémoire d'un passé vécu à l'Ouest.

Par contre, un autre élément vient conforter ces hypothèses dans la mesure où par suite de certains évènements, les habitants de ces contrées durent les abandonner.

Selon les Textes des Pyramides, l'Occident était considéré comme un **port « de celui qui fut sans péché »** et « **Heureux l'homme qui y arrive** ».

Donc, coucher le défunt à l'Occident, pour lui permettre d'accoster au port qu'il a dû quitter précipitamment, est une immense faveur à lui faire.

Et quoi de plus significatif que ce texte -Chapitre XV- où le défunt s'adresse à Râ :

« … Râ… tu t'es levé durant une Grande Année.

« **Tu as choisi cette même retraite dans l'horizon « occidental qui devint ton lieu de repos.**

« **Désormais, ton coucher te placera dans Ta-Mana** »[18]

Et Râ, prenant la parole, affirmera :

« **Je suis Râ… et je suis aussi le Lion** » -Chapitre LXII-.

---

[18] Très curieusement, Ta-Mana serait encore aujourd'hui le nom d'une bourgade, à quelques 80 kilomètres d'Agadir, au Maroc.

CHAPITRE XXI

Ils ont inventé un monde

Certes, ils ne pouvaient pas changer le monde dans lequel ils vivaient. Car ils étaient effectivement aux prises avec des éléments qu'ils ne pouvaient maîtriser. Au choix : des invasions de « barbares », des luttes fratricides entre les clans du Nord et ceux du Sud, des grandes sécheresses, des crues imprévisibles et catastrophiques du Nil, la mort du bétail, etc.

On ne sait vraiment pas à partir de quel moment à surgi l'idée de l'Au-delà, non comme le royaume des morts, mais comme un lieu parfaitement habitable. Y a-t-il eu des pressentiments, des appels reçus, des influences subies, la conjonction des circonstances amenant inévitablement la perception qu'il existait, ailleurs, mais pas nécessairement dans les cieux, un monde où ils seraient, enfin, heureux.

Ne pouvant changer le monde auquel ils appartenaient, ni le modifier même superficiellement, ils décidèrent, au terme certainement d'un long processus psychique de changer de monde, c'est-à-dire d'habiter -ce qui semble ahurissant de nos jours- un Espace/Temps différent de celui auquel ils étaient par force contraints d'appartenir.

Dès lors, l'existence de l'Au-delà fut peuplée de villes, fleuves, monuments, dont les noms leurs étaient d'autant plus familiers qu'ils leur avaient tout simplement donné les noms d'ici-bas. Mais là-bas, et non là-haut, ils pouvaient côtoyer les dieux, ceux de la création comme ceux ayant véritablement régné sur leur terre, retrouver, peut-être, leurs ancêtres.

Comment changer de monde ?

Ils inventèrent une éthique de vie, l'intention droite, le discernement entre le Bien et le Mal, la charité, le désintéressement car les prêtres ou les initiés les avait convaincus qu'avant de retrouver cet ancien pays, leur âme serait jugée à l'aune de tout ce qu'elle n'avait pas fait ou réussi à faire. C'était la fameuse confession négative.

Mais, pour correctement le faire, devant Anubis et Thot, il fallait immédiatement, ici et maintenant, se conformer à cette confession négative.

Analyse

À ce stade, nous pouvons émettre une hypothèse sur la validité et la durabilité de ces initiés.

Qui furent-ils en définitive ?

Certainement un petit groupe d'hommes spirituellement fort avancés, mais dont la foi en divers éléments de la métaphysique de l'époque l'emportait cependant. C'est-à-dire l'immortalité de l'âme, la survie en un Espace/Temps n'ayant rien à voir avec celui-ci, le retour dans une contrée bien particulière du ciel et sur terre, là où le soleil s'était quand même levé à maintes reprises.

Peut-on les identifier ?

Certainement. Car immédiatement un groupe surgi, dont il a été souvent question dans cet ouvrage, celui des « Suivants d'Horus », les « Shemsou-Hor ». Ils ont incontestablement une authentification qui leur est donné par leur apparition dans la chronologie des dieux ancestraux.

Ils leur succédèrent sans ambigüité avant de « passer la main » à Ménès. Ce ne sont pas des dieux à tête d'animal ou venus du ciel, même si leur inspiration est célestielle.

C'est un oracle, un divin, un médecin, pensent les autres hommes. Surtout quand il annonce que quelque chose va se produire et que cette chose précisément arrive.

Il ne va pas prédire le lever du soleil, non bien sûr, mais le lever d'une étoile proche du soleil, Sirius, qui permet de compter et de mesurer, et le temps, et les dimensions de l'Univers.

Et, un jour, il ne fut plus là.

CHAPITRE XXII

Un spirituel concret

Nous avons déjà vu que le mot « religion » n'existait pas en Égypte Ancienne. Et pourtant une science sacrée, relative à l'Univers, était couramment pratiquée.

S'ils n'étaient pas religieux, alors comment explique-t-on que les égyptiens, dans les ères pré-dynastiques, passaient leur existence en compagnie de dieux à corps humain, mais à tête d'animal, au point de faire s'écrier d'effroi, ou de rire, les âmes bien nées actuelles.

Et, de plus, il ne s'agissait nullement de totems, de gourous, de gris-gris, plus ou moins perfectionnés.

Les dieux n'étaient-ils pas soigneusement répertoriés ?

Nous en avons pour preuve le fait que certains d'entre eux étaient rangés dans des classifications différentes. Il y avait, certes, des dieux bienfaisants ou dangereux à fréquenter, ou à irriter, des dieux guerriers, des juges implacables, et des dieux politiques, à la manière d'Osiris.

Car Osiris est un dieu à part, non parce qu'il est à l'origine du panthéon égyptien, mais parce qu'il a effectivement régné sur l'Égypte, au temps du commencement.

Il faut savoir que les représentations de ces dieux, existaient sous deux formes, très habituelles d'ailleurs : sur des fresques et par des statues. Ce n'est qu'au Nouvel Empire que l'on construisit des allées de béliers ou de sphinx.

Les dieux étaient-ils grands, d'où la notion de « géants » qui parfois leur a été appliquée ?

Nous savons, aujourd'hui, que seule leur aptitude à voir dans l'invisible, à être dotés de facultés supra-sensitives, leur a valut cette dénomination.

Avec une nuance. Nous n'ignorons plus aujourd'hui, pour l'avoir observé, que des spationautes grandissent dans l'espace, le dernier en date étant plus grand de quelques centimètres. Peut-être provisoire. Mais, à fréquenter les cieux, peut-être des entités, plus ou moins corporelles, pouvant être plus grandes que les humains d'Égypte.

Les religions, en règle générale, s'expriment dans des temples, quelle que soit leur dénomination exacte. Des lieux de prières. Après, on continue à se livrer à ses occupations coutumières et quotidiennes. Donc le temps religieux est pris sur le temps de vie.

En Égypte Ancienne la science sacrée, dont il est question, se vivait en permanence. Pharaon s'interrogeait constamment pour savoir si telle décision, action, voyage étaient de nature à satisfaire les dieux. Point de répit ou de cessation d'activité sacrée. Le temps devenait sacré et remplissait, sans que l'on s'en rende compte, la vie habituelle.

De plus, le nombre incroyable de jours de fêtes -plus de 200 jours par an dans les ères dynastiques- prouve à l'évidence qu'en certaine occasion les habitants étaient invités à communier ensemble pour rendre grâce aux dieux pour leurs bienfaits.

L'initiation est bien sûr l'acquisition indirecte à partir de la connaissance des mondes suprasensibles.

Mais, à leur niveau, comment s'effectuait ce que l'on peut nommer aujourd'hui une initiation, telle que pratiquée dans les obédiences maçonnique ?

L'idée a pu lentement émerger à partir de l'instant où ils se rendirent compte qu'au milieu d'eux, vivaient certes des humains comme eux, mais dotés de facultés supranormales. Leur mémoire a pu, à cet instant, leur restituer un souvenir de l'évolution de l'Univers, donc des entités -corporelles ou non- le peuplant.

L'idée nouvelle est apparue, celle d'une conservation des « copies » ou des « reflets » sur terre des meilleures entités spirituelles des époques pré-dynastiques, afin d'en faire don à des hommes qui en paraissaient dignes. D'où l'idée d'**oracle**/magie.

Donc il existait des **survivances** d'anciens états de conscience ayant une expérience directe des mondes suprasensibles.

Dans la mesure où l'égyptien se **servait** de ses facultés suprasensibles, et, en quelle sorte, supranormales, il devait être capable de s'**unir** avec ses dieux.

La perspective de l'Au-delà, donc d'une nouvelle vie, de la véritable vie, s'accompagnait de l'ardent besoin de changer de coquille, d'être un homme nouveau et neuf, et surtout **doté**, lui aussi, de **pouvoirs supranormaux**.

« Vos yeux s'ouvriront » à la manière de celui d'Horus qui, venu sur Terre, avait nécessairement perdu un peu de son acuité suprasensible, tout en regagnant une vision supérieure.

Donc une fenêtre s'ouvrait dans leur cœur intérieur, susceptible de les conduire sur un autre chemin. Plus tard, on parlera de « résurrection », même et surtout au seul plan symbolique, mais, ici, en terre d'Égypte, il s'agissait de toute autre chose. Une lente découverte.

Une découverte préparée, à leur insu, depuis longtemps. Les différents textes étudiés ici en parlent longuement. Mais il s'agit d'un travail de longue haleine, qui ne va pas de soi. Mais au terme des chemins, c'est-à-dire d'une vie terrestre, les vraies dimensions de l'Univers apparaissaient, surtout si on croyait en avoir fait le tour, pour les avoir eues sous les yeux.

Mais, au fur et à mesure de ces découvertes, tout devient différent, dans une lumière nouvelle.

La même vie assurément, mais **autrement**, le même monde, mais différemment **orienté**.

Donc, pas de réincarnation, ni surtout de métempsychose, mais un phénomène inattendu, celui d'un être qui se **perpétue** sous une autre forme.

D'où l'expression : « Je n'ai pas d'âge, mais je suis le même, pourtant », repris aujourd'hui dans certains rituel maçonnique.

Comment s'effectuait cette mutation : à l'exemple du scarabée ou de la cigale abandonnant une coquille, c'est-à-dire l'élimination de peaux -membranes-, coques, au profit final d'un corps humain ? Cela resterait à déterminer, hormis une mutation alchimique de l'être.

La rotation de la Terre autour du Soleil -d'où le mécanisme fort étudié des deux barques solaire et lunaire-, était motivée, dans leur esprit, par une **modification** de leur psychisme.

C'est dire, par là, qu'à un certain moment des facultés normales très naturelles laissaient la place à d'autres, cognitives, intuitives.

Ils vivaient au contact de leurs dieux, dont la généalogie, et les fonctions étaient considérablement étudiées. Mais ils ne les voyaient pas, visiblement, ce qu'ils percevaient de leur présence était leur **reflet** leur aura.

La perception de facultés sensorielles supranaturelles, dont certains êtres, nous dirons des initiés, étaient pourvus, s'accompagnait d'une **forme** qui pouvait dès lors s'apparentée à une forme quasi extra-terrestre, leurs formes physiques pouvaient, de ce fait, évoluer quelque peu, en laissant deviner –pour certains yeux– un vêtement beaucoup plus spirituel.

Certains êtres pouvaient donc intervenir dans l'évolution de l'Humanité. Peut-être pour obtenir une harmonie, une paix, à adresser entre les autres humains.

Il faut bien admettre que toutes les entités, qui viennent d'être décrites, n'atteignirent pas le même développement. Ceci est à l'image des conceptions de Stephen Hawking, indiquant que l'Univers, loin d'être un beau ballon de football, se développe avec des « contrées » en avance ou en retard, les unes par rapport aux autres.

Donc, la véritable **découverte** -car c'en est une- des premiers égyptiens -disons plutôt les prêtres ou les initiés-, fut que l'homme intérieur de l'être humain était passé par une série d'existences -identiques quant aux entités l'habitant-, mais différentes quant à leurs formes.

De ce fait, il était concevable que le grand regard en arrière, qui pouvait être jeté sur le lointain passé, était doté d'une préscience extraordinaire, capable ainsi de se remémorer des actions, des paroles, des constructions.

Cette perception -qui peu à peu ira en disparaissant, en raison même du caractère de l'évolution- cette perception de l'invisible, ayant fini par dérouler devant leurs yeux intérieurs, un gigantesque panorama spirituel dans lequel figurait tous les évènements qui pouvaient s'être produits, comme ceux des mondes à venir.

D'où l'insoupçonnable préexistence du Passé dans leur Présent et leur double nostalgie, dont une troisième, ou plutôt une hantise, était la sensation de finir par perdre ce fameux regard en arrière.

Une remarque, ici, s'impose. Nous avons constaté que, de tous les pharaons représentés sur fresques ou en statue, Khéops, ne porte ni simple couronne, ni double couronne. Mais, bien au contraire, une calotte dite de « maître ».

Pourquoi ne pas supposer que cet homme, représenté par une toute petite statue de neuf centimètres, ait pu être un Initié, car il est le seul personnage important de toute la civilisation égyptienne à porter cette étrange coiffure ?

CHAPITRE XXIII

Les suivants d'Horus en tant qu'initiés

La véritable désignation des initiés fut « Akhou-Shemsou-Hor », c'est-à-dire que l'on doit impérativement y adjoindre et faire précéder le nom du pharaon au nom communément admis et répandu d'Akhou signifiant Esprit. Ce qui change considérablement le vrai sens des fameux « descendants/suivants d'Horus ».

D'ailleurs, Manéthon, plus tardivement il est vrai, les appellera pareillement les Mânes ou demi-dieux, c'est-à-dire des êtres différents des humains. Ne serait-ce au seul niveau de leurs facultés cognitives et intuitives. Qu'il s'agisse cependant du papyrus de Turin, d'Eusèbe, d'Hérodote, etc. tous ces historiens assignent à leurs règnes une longévité exceptionnelle.

De plus, les Textes des Pyramides -pourtant élaborés à partir de la IVème dynastie- fourmillent d'allusions, à des faits réels mais décrivant un passé prodigieusement reculé dans le temps et touchant aux origines les plus lointaines de ce pays.

Ainsi, les fragments de pierres de Palerme ont conservé neuf noms d'une série de rois coiffés de la seule couronne rouge de Basse-Égypte, leurs capitales ayant pu être Bouto, et Nekhet !

Parallèlement, et ceci nous intrigue au plus haut point, l'art prend un développement extraordinaire avec l'apparition des premiers monuments sculptés et l'écriture commence à apparaître, très logiquement.

Ainsi, l'Égypte protohistorique va, insensiblement passé d'une colline purement néolithique à une des premières constructions dites « historiques ». À la base, bien évidemment, la présence du calendrier.

Le fait que ces demi-dieux, ou mânes, ou esprits soient localisés au niveau de leurs demeures dans les temples, paraît indiquer une trace de leur comportement si nous admettons qu'ils furent les premiers initiés.

Nous n'avons cependant, et même pour des périodes plus tardives, aucune indication que des temples aient réellement servi de lieux d'initiation. Mais peut-être n'en avaient-ils pas besoin si le terme « initiation » revêt, les concernant, une toute autre signification qu'aujourd'hui.

Donc, ils pouvaient vivre dans des temples ou sanctuaires, ou nécropoles, ou même dans les premières pyramides jamais édifiées en terre d'Égypte. Le véritable but en était de déclencher en eux des souvenir stellaires, des lieux cosmiques, de drames dans le ciel, ou d'apparitions d'une civilisation mégalithique.

Lire l'écriture des étoiles relevait bien de l'astronomie et de l'astrologie, mais plus encore du déchiffrement de l'écriture-langage qui apparaissait, ce qui pourrait passer, de nos jours, pour leur ordinateur mental.

Des images donc, mais des découvertes, dans des époques antérieures, ont pu ainsi s'introduire dans leur esprit et ils eurent ainsi la facilité de consulter les fichiers ainsi constitués. Dans un pareil voyage, ils circulaient non dans l'espace, mais dans le Temps.

Les « survivants d'Horus » que personne n'avait décrit au seul niveau de leur allure, de leur comportement, de leurs gestes, comme l'avait fait Osiris ont pu valablement être des « **incarnations éphémères** » d'entités ayant réellement existé, mais dans un passé profondément plus ancien encore.

Leur situation si singulière, à mi-chemin entre des demi-dieux et des esprits, les a fait longtemps considérer comme des personnages à part.

D'ailleurs, le sens originel de « Shem » -à l'intérieur de Shemsou- est « diriger un bateau », signification plus qu'elliptique et allégorique de celui ayant quelque chose pour le faire naviguer, ce bateau.

Donc une mémoire chargée des faits qu'il lui fallait « mettre à jour » les consulter et en décider ou non de leur mise en œuvre possible sur la terre d'Égypte. Son esprit s'encombrait des milliers de procédés numérotés puis qui devaient lui permettre un jour de passer à l'offensive d'un grand architecte. Qu'il s'agisse de politique -construire véritablement une nation- ou un monument inégal dans le monde d'alors, par exemple la Grande Pyramide ou le Sphinx.

De nos jours, s'il n'y entrait pas quelques supercheries, on parlerait de voyants, écoutant les sons venus d'en haut peut-être, ou bien plus, ceux qui, plongés dans une hypnose profonde voyant leurs consciences altérées par d'étranges révélations d'un temps qu'ils n'avaient pourtant jamais vécu.

Furent-ils par exemple à l'initiative du calendrier. On le sait à présent qu'il remonte à des périodes très reculées, mais l'observation des cours des astres a dû prendre des dizaines d'années avant d'être correctement et rigoureusement établie.

Pour en revenir au lever héliaque de Sirius, qui fut la révélation des crues du Nil, rappelons que ce lever héliaque ne s'observe qu'à hauteur du 30ème degré de latitude correspondait aux terres de Memphis et Héliopolis, qui doit bien son nom au soleil.

C'est donc bien à ces astronomes de la Basse-Égypte que nous devons cette innovation.

Temple du Sphinx
C'est la première fois que nous sommes en présence de blocs de pierre dépassant les 100 tonnes. Ce temple n'a rien à voir avec celui de Khéphren et a donc été légitimement attribué à la périphérie du Sphinx, sans que l'on sache toujours pourquoi à l'heure actuelle.

CHAPITRE XXIV

Magie

Seth vient de faire tomber un degré d'acuité de l'œil d'Horus, celui qui, curieusement, contenait certaines mesures de l'Univers. C'est assurément une souffrance pour le jeune dieu, jusqu'à ce que sa tante - la propre épouse de Seth- ne le récupère.

Car la Magie était pour les égyptiens la Connaissance des lois secrètes de l'Univers, c'est-à-dire Héka en arabe, ou Connaissance de l'Invisible. L'œil d'Horus est ce qui est nommé dans les sociétés à mystères « ce qui était épars » et qui vient d'être réuni pour toujours.

Connaissance de l'Univers assurément, mais surtout la possibilité offerte d'y accéder.

Opposé au « matériel », le spirituel égyptien, dont fait partie la Magie -car elle appartient seule au monde éthéré- est soupçonnée d'évacuer l'épaisseur de la vie quotidienne pour la rendre transparente et la supprimer, si besoin était. Sans d'ailleurs prôner le retrait et le mépris du monde, comme les abbayes le demandent.

Elle a un but cette Magie. Soulager les maux des humains. Comment ?

D'une manière inattendue, en prenant délibérément un chemin pour rejoindre les dieux. Il faut donc faire un effort, des efforts. Les différents sites magiques ne sont donc pas autre chose que des étapes, des fragments d'un itinéraire purement spirituel.

Reliée à la Magie, la Médecine.

La Médecine égyptienne soignant certes les accidents externes avec les moyens appropriés : attèles, onguents, bandelettes, mais en ce qui concerne les maux internes, dont souffrait le patient, elle faisait le plus appel à l'hypnose.

Cela consistait à endormir le malade provisoirement pour agir sur son être spirituel. Par la mémoire ressuscitée, en faisant appel à des visions de plus en plus précises, le médecin rapatriait en quelque sorte les éléments spirituels disparus et dont le malade venait peut-être, sans s'en rendre compte, de s'en priver.

Par ailleurs, l'astrologie prenait une place prépondérante, dans la mesure où le soleil, et partant, les sept (ou neuf) planètes pouvaient exercer une influence sur le patient. Et ce, à partir du moment où le soleil ne pouvait donc **envoyer** une lueur physique, mais un bienfait lié précisément à cette lumière. De la même manière, les astres ou autres constellations étaient consultés pour avoir, en quelque sorte, leur point de vue.

Comment en est-on arrivé à la Magie, devenue quotidienne dans l'Ancienne Égypte ? Il faut bien préciser que l'astronomie, la science de l'Univers et des cieux, conduit directement à l'astrologie, c'est-à-dire l'interprétation de la course des astres dans le ciel nocturne.

Toute interprétation est nécessairement la voie rêvée pour les divins, voyants, oracles, en tous genres ; permettant l'élaboration des horoscopes, prédictions et prophéties.

Les diseurs de bonne aventure n'effectuèrent-ils pas à tous les coins des marchés de cette époque, de quoi satisfaire les désirs, espoirs, attentes, du bon peuple.

Les contes de Perrault ont enchanté notre jeunesse. Mais sait-on que ce genre d'histoire a, de tout temps, été bénie par les dieux. Et plus c'est invraisemblable, plus les enfants y croient.

En Égypte Ancienne c'était, au contraire, les adultes qui s'en réjouissaient. Témoin ce conte où se côtoie la magie, l'invraisemblable et la réalité.

Or, donc, un roi avait une épouse frivole. Elle retrouvait son amant au bord du fleuve. Le Roi en fut averti, demanda l'avis de son magicien qui lui conseilla de jeter dans le fleuve une statuette de cire représentant un crocodile, ayant sept pouces de longueur, c'est-à-dire tout petit au moment où l'amant s'y baignerait avec sa maîtresse.

Le Roi procéda ainsi et, ayant surveillé le couple, jeta devant eux le crocodile de cire tout petit qui se transforma aussitôt en un immense saurien de sept coudées. Il les attaqua, les emmena au fond du fleuve et les dévora tranquillement.

Mais un autre type de conte est tout aussi merveilleux, car il relève de la voyance. Le Roi fit appel à un magicien renommé pour sa clairvoyance pour retrouver un temple où un trésor très ancien était caché. Le magicien s'y refusa au prétexte qu'il ne se souvenait absolument pas du Passé, mais qu'il pouvait lui prédire son avenir sans lui révéler le lieu de ce temple.

Le Roi tempêta, se mit en colère, faillit tuer le magicien, mais il l'écouta.

« Je ne sais pas, lui dit celui-ci, où se trouvait ton temple, mais à ta place je ferai très attention à un de tes successeurs qui va usurper ton trône. Il s'agit de... et il expira ».

Le Roi ne retrouva jamais le temple, mais se débarrassa d'un rival.

L'idée de base aurait été la transformation du temps linéaire en un temps cyclique -rythmé des saisons- propre à **courber** le temps.

La participation de ces cycles réguliers -dont les fêtes furent la parfaite représentation- fut aussi la capacité -pour ne pas dire la liberté- de voyager, de marcher. Bref, de se transformer.

Et c'est ici qu'apparaît Héka la Magie.

À l'image des hiéroglyphes, les textes funéraires -qui constituèrent l'essentiel de la littérature égyptienne des premières dynasties- font appel au discernement du lecteur qui, curieusement se trouve être le futur défunt.

Lequel lecteur doit devenir le propre architecte de sa libération vers la lumière à laquelle la Magie avec des dieux contribue puissamment.

La Magie a pour fonction essentielle de créer ainsi des résonnances cosmiques en faveur du mort. Lequel, de son vivant, doit l'aider, sinon il périra atrocement. La Magie a donc pour vocation d'être prioritairement une arme défensive.

Par le rituel des fêtes, la Magie va atteindre son apogée, plus de 200 jours de fêtes par an. Comme point de départ le Calendrier, celui-ci, une fois pour toutes, fixé sur l'annonce des crues du Nil autour du 19 juillet. Calendrier et fêtes vont rythmer la vie quotidienne, replaçant l'homme dans l'ordre cosmique.

Comment et pourquoi s'est effectuée l'expérience -car cela en est une- d'embaumer le corps d'un défunt ?

Et à quel moment ? Car jusqu'à l'époque Thinite, il était soit directement couché dans une cavité ménagée dans le sable plus ou moins pierreux, soit enveloppé dans un simple linceul de lin pour le protéger des animaux du désert. Du moins un certain temps.

Car, là, réside le point central. À partir d'un certain moment, s'étendant sur des dizaines d'années, on se mit à penser, à préserver le corps, peut-être pour ménager l'âme que l'on venait de découvrir ou de redécouvrir.

L'âme, dès la préhistoire, a hanté l'esprit des égyptiens, son pouvoir, son devenir également : l'âme pouvait-elle quitter le corps en même temps que lui ou avait-elle d'étranges possibilités de renaître avec lui, et dans une autre vie ou ailleurs, dans un autre corps à venir. L'âme ainsi aurait été dotée d'un savoir, d'une potentialité de renaissance, avec ce même corps, ou dans un autre.

La différence pouvait exister entre l'Âme et l'Esprit, selon les textes qui en portent témoignage, et que l'Âme inspire, et anime l'homme, tandis que l'Esprit, l'illumine. De nos jours d'ailleurs l'Âme n'existe pratiquement plus, selon les diverses spiritualités.

La croyance en l'Au-delà s'accompagnait nécessairement du passage dans ce lieu situé nulle part, de la totalité des composants du corps : cœur, ombre, etc., et âme. À l'exclusion toutefois de ce qui était putrescible, c'est-à-dire les viscères et autres organes internes, susceptibles, eux, de se décomposer rapidement.

De ce fait, il fallait les retirer du corps, les remplacer par des macérations de plantes aromatiques, arrosées de parfums, de baumes, et d'onguents.

Certes, mais comment est-on passé de composés plus ou moins naturels d'un corps aux exigences de l'âme. Car, inévitablement, un puissant élément était intervenu pour en faire le composé spirituel le plus fort du défunt, et il fallait à tout prix le ménager, le préserver, et en garantir la survie. Car l'âme était dotée d'une puissance de régénération, inconcevable à l'heure actuelle, puisque l'on en nie même l'existence.

Alors, on se mit à rechercher et élaborer un rituel permettant à cette âme d'accompagner le corps du défunt dans lequel elle avait vécu, mais à condition que ce même corps soit dégagé de toutes matières susceptibles de se détériorer sous l'action de la vie. D'où l'élimination des viscères, et leur remplacement par des éléments dits essentiels, au seul niveau de leur composition.

Pratiquement, à chaque chapitre du Livre des Morts, se trouvent des allusions très nettes à des incantations magiques, destinées à préserver, le plus longtemps possible, l'âme avant qu'elle ne passe dans un autre corps.

Ces incantations, ces chants ou ces pleurs, correspondent à un intense besoin d'agir encore, et encore, sur le Cosmos par des paroles sacrées, porteuses d'une divine espérance : Parmi ces paroles, à nouveau, l'incroyable pouvoir des noms qui, à lui seul, contient pratiquement tout le reste.

Prononcer, et surtout écrire un nom c'était lui donner une existence possible et il était recommander au défunt de garder précieusement dans sa mémoire les noms de toutes les entités qu'il était susceptible de rencontrer dans l'Au-delà.

À l'évidence, ces incantations, tirées plus ou moins du Libre des Morts, figurent à l'intérieur du sarcophage d'où le défunt peut continuer à les percevoir et en énoncer les mots, poursuivre son chemin vers l'Au-delà.

À titre d'exemple, l'épouse de Snéfrou lui donna les noms de trente divinités ayant présidé l'Égypte à l'origine, démontrant ainsi que la passation des pouvoirs s'effectuait par l'intermédiaire des femmes.

L'Au-delà se présente ainsi, et dans la vie quotidienne et dans les Textes hiéroglyphiques : il est peuplé cependant d'animaux dont la plupart sont des mutations spirituelles, et parmi eux, le scarabée, symbole du renouveau.

Il ne faut pas oublier les curieux cas d'hypnose thérapeutique aménagé pour débarrasser le patient des troubles de son âme, dès lors que les remèdes dits classiques n'opèrent plus.

Les maladies psychosomatiques, bien connues aujourd'hui, l'étaient pareillement dans l'Ancienne Égypte et les médecins étaient formés à les éradiquer en pratiquant l'hypnose permettant au patient d'exprimer ses émotions, ses troubles, ses humeurs. Il pouvait être soigné psychiquement sans recourir aux médicaments classiques.

CHAPITRE XXV

Khéops fut-il, à son tour, un Grand Initié ?

Lorsque Khéops mourut, tous ceux qui croyaient en sa divinité -pour avoir vaincu la mort- firent semblant de ne pas s'en apercevoir, et on tint sa mort secrète. Tout comme le lieu de son ensevelissement.

Une différence, fondamentale, saute aux yeux, même des non-avertis, en considérant les statues des pharaons de la IVème dynastie. Khéphren et Mykérinos sont des rois, debout, en train de marcher, le visage plus ou moins souriant et pour Khéphren le seul à porter le faucon Horus sur la nuque.

Et Khéops ?

Nous n'avons de lui qu'une statuette de 9 centimètres de hauteur, exposée au Musée du Caire. Il n'est pas debout, ni grand, ou en train de marcher. Il est assis.

De plus, il est le seul de tous les pharaons de ce siècle à porter ce que l'on nomme une coiffe de maître et non une perruque ou la double couronne. De plus, son visage ne nous semble pas égyptien mais plutôt amérindien comme s'il était venu, un jour, avec les disparus peuples de la mer.

Bref, il ne ressemble pas du tout à ses fils et petits-fils attitrés. Il leur est sensiblement étranger.

Arbitrairement, les égyptologues ont attribué à cette statuette le nom de Khéops, comme seul un cartouche -peut être tardif- à l'intérieur des chambres de décharge paraît attester de sa propriété.

Donc, si on s'interroge, avec beaucoup de raisons, sur l'authenticité et l'identité du grand architecte de la Grande Pyramide, il nous faut pareillement nous interroger sur l'identité exacte du pharaon.

De plus, les égyptologues ont longtemps paru ignorer l'existence de Didoufri qui fut un fils adoptif de Khéops. Avec une multitude d'interrogations.

Pourquoi, alors qu'il avait déjà une progéniture importante -avec épouses, femmes et concubines- a-t-il été « obligé » d'adopter Didoufri ?

Y a-t-il eu une révolution de palais, une invasion libyenne, ou des peuples de la mer ?

Ou a-t-il été rechercher ailleurs qu'en Égypte, un ingénieur fort doué en mathématique de l'Univers pour calculer le plus exactement possible les crues du Nil ?

Pourquoi, dans ces conditions, ne l'a-t-il pas récompensé par des dons, des prérogatives, des fonctions éminentes, plutôt que de l'adopter ?

Y fut-il, à nouveau, « obligé ».

La généalogie de Khéops laisse rêveur. Il épouse une femme à peau claire, aux cheveux blonds-roux, il en a eu une fille plus ou moins rousse, au teint frêle, et vêtue, selon une fresque, d'un mastaba, d'un étrange vêtement n'ayant rien à voir avec l'habillement d'une femme de la IVème dynastie. Une collection d'été venue de l'étranger, elle aussi ?

Immédiatement se pose le problème de la contemporanéité de Khéops avec les membres institutionnels recensés de la IVème dynastie.

Leur fut-il antérieur ? Et de combien d'années ?

S'il fut divinisé à l'égal d'un dieu, instituant un des premiers monothéismes de l'histoire des religions, c'est qu'il accomplit le miracle de calculer -ou de faire calculer le plus exactement du monde- le calendrier des crues du Nil.

Bref, on lui attribua -et ce, maintenant encore pour quelques décennies-, et la Grande Pyramide et sa construction. Mais pas son tombeau.

C'est la seule pyramide, au monde, d'une hauteur de 140 mètres, à être **vide** à l'intérieur. Ce qui constitue en soi un exceptionnel exploit architectural. Avant lui, et plus jamais après lui, on ne construira semblable monument.

On a pu dire « Nous savons comment la Grande Pyramide n'a pas été construire, mais nous ne savons toujours pas comment elle l'a été ».

Car l'intérieur semble s'arrêter à 40 mètres au-dessus du plateau rocheux. C'est la hauteur maximale de la chambre du Roi.

Et au-dessus, c'est-à-dire de 40 à 140 mètres ?

Eh bien, il n'y a rien, un rien que nous ne connaissons pas. Rien, ou peut-être des chambres et corridors secrets enfouis dans la masse de granit et qui nous reste invisible encore, pour quelques siècles.

Mais Khoufou-Knoum nous serait encore plus inconnu s'il n'y avait le Nil, le reflet sur cette terre, du même Nil, mais dans le ciel.

Au fait, il y a 10.000 ans, par exemple, le Nil céleste était-il visible de la Libye où le fleuve autrefois s'écoulait pour se jeter du côté de Tripoli ?

Ce serait intéressant de creuser la question.

Kheops, à lui seul, condense sur son nom les fonctions de pharaon-architecte (mathématicien) et demi-dieu pour enfin écrire un roi divinisé de son vivant. Personne n'est sûr de rien le concernant, le pire étant que plus personne ne s'aventure aujourd'hui à authentifier la Grande Pyramide, soit comme son œuvre, soit comme son temple funéraire.

D'innombrables et invraisemblables hypothèses circulent donc sur son personnage. A-t-il existé comme Imhotep de nombreux Khoufou-Knoum, sa désignation exacte ?

A-t-il édifié la Grande Pyramide en trois parties, choisissant une sépulture pour l'abandonnée pour une autre, et finalement n'en laisser aucune de convaincante ?

Sa représentation au Musée du Caire laisse rêveur. Une statuette de neuf centimètres de hauteur, le présentant assis, une coiffe de maître sur la tête, et non une ou un double couronne, comme ses successeurs. Eux-mêmes représentés en train de marcher ou assis, le faucon Horus sur la nuque.

De plus, à le considérer attentivement, de sage, à moitié souriant, mais doucement ironiquement, le ferait plus apparenté aux amérindiens qu'à un habitant du delta ou de Nubie.

Bien sûr, il y a un cartouche et son nom, à l'intérieur de la pyramide. Mais nous savons bien que les vainqueurs se sont toujours attribués les monuments des pays qu'ils ont conquis et asservis. Ou fut-il de même que Khoufou-Knoum ?

Bien évidemment, il ne viendrait à l'esprit de personne de croire que la IVème dynastie ait surgi pratiquement déjà formée, et subitement, il y eut des antécédents, s'il n'y eut pas de successeurs. Mais suffisamment en tout çà pour s'apercevoir que cette IVème dynastie constitue, à elle seule, **une civilisation** comme un « tiré à part dans la chronologie égyptienne ».

Certes, il y eut des essais -plus ou moins malheureux- d'un art architectural mégalithique dans les décennies le précédent.

Certes, l'écriture hiéroglyphique est apparue également quelques décennies avant, mais les deux réunis constituèrent les fondements, même très avancés, parfaitement élaborés, dans cette **nouvelle civilisation**. Comme s'il n'y avait eu auparavant qu'une série d'essais plus ou moins réussis, comme dans toutes expérimentations.

Khéops -ou le personnage fort énigmatique- qui porte ce nom sut utiliser à la perfection et l'écriture hiéroglyphique et surtout l'architecture mégalithique, car, rappelons-le, il n'y eut jamais **avant** son règne « officiel » de semblable pyramide, ni surtout **après** lui-même et ses descendants.

Les Textes des Pyramides, et le Livre des Morts sont respectivement datés de son époque au niveau de leurs premières élaborations. Bref, il fut un précurseur, et il initia une démarche spirituelle d'un rare effet positif. C'est la raison pour laquelle on peut le ranger dans la catégorie des Initiés de cet âge d'or, que l'on ne retrouvera jamais plus, une fois sa disparition constatée.

Bref, comme nous l'avons vu, ayant maîtrisé les crues du fleuve, amenant enfin la prospérité et la paix entre les habitants de ses rives, il fut divinisé, de son vivant, l'équivalent de Rê, le dieu solaire par excellence.

N'était-il pas le dieu permettant de passer, en barque, d'une rive à l'autre du Nil, pour rejoindre, lors de l'ultime traversée, le royaume des morts, ou l'Amenta ?

« Il a **fait mourir la mort** », celle des désolations, et de la famine succédant à ces crues meurtrières, semant l'effroi, le doute et les calamités parmi les peuplades. À ce seul titre, il peut être considéré comme un Initié.

Un point nous demeure obscur, présenté dans un autre chapitre.

Pourquoi a-t-il fallu qu'il adopte cet étranger, nommé par la suite Didoufri, et dont le Musée du Louvre conserve la statue ? Et en a-t-il eu besoin, pour vaincre des ennemis -les fameux peuples venus de la mer- calculer avec autant de précision le lever héliaque de Sirius pour prévoir les crues phénoménales du Nil.

Bien qu'il n'ait jamais été pharaon, ce même Didoufri –longtemps considéré comme un imposteur, un usurpateur, réussit le prodige de se faire construire une pyramide au Nord de Gizeh. Mais on ne sait toujours pas comment il y parvint à la mort de Khéops, sous le règne de Khéphren ? Et pourquoi ?

Mais, la gloire de cet Initié, humain lui, réside dans le concept même de la construction de la Grande Pyramide. On a dit, et répété, comment elle n'a pas été construite, mais on sait cependant que des milliers de fellahs, pêcheurs, éleveurs de moutons, s'attelèrent à cette tâche pendant les mois d'été où les crues survenaient.

On connaît la « ville » que Khéops fit construire aux abords du plateau de Gizeh pour y faire résider, dormir, vivre et manger ces milliers d'artisans. Elle prit, cette construction, près de 25 à 30 ans, et ce fut la même chose pour les deux suivantes.

Or, la mise sur pied d'une pareille construction et les difficultés énormes de sa construction, mobilisant toutes les populations riveraines en été, contribuèrent à établir un solide socle social, apprenant aux populations, à mieux connaître l'idée, préfiguratrice, de nation.

Et c'est vrai que Khéops instaura, par la même occasion, un état centralisateur, fort, dont les populations lui furent totalement acquise et divinisée pour avoir maîtrisé le cours du Nil, apportant enfin la prospérité au pays.

Donc, à la fois un pharaon -peu connu, même aujourd'hui, aux origines incertaines, marié à une femme blanche aux cheveux roux- un architecte, un mathématicien, un roi sûr de sa force administrative et dont, paradoxalement, contrairement à Djoser et à ses deux immédiats successeurs, on ignore encore l'emplacement exact du tombeau.

La figure et silhouette d'Hétep-Hérès II, la fille de Khéops.
La reconstitution, à partir de la fresque située dans une des mastabas, au pied de la Pyramide, permet de constater d'étranges points.
   1. *D'abord, elle porte une perruque, mais rousse et non noire, comme c'est le cas généralement ;*

2. Ensuite, elle porte un vêtement n'ayant strictement rien à voir avec les habits usuellement portés par les femmes de l'Ancien Empire.
- d'une couleur jaune et non blanche ;
- enfin et surtout la découpe de la robe, montant en deux triangles au-dessus des épaules, est complètement inconnue des habits généralement portés autour de la taille ou du buste.

Enfin, pour parfaire les anomalies, la position des bras et des mains ne correspondent absolument pas aux gestes des reines ou concubines des pharaons. Là encore, il semble que le peintre ait voulu symboliser des triangles.

CHAPITRE XXVI

Les anomalies

Sphinx plus Pyramides

À qui s'étonneraient de ne trouver aucun hiéroglyphe, sur et dans la Grande Pyramide, la réponse est facile : la Grande Pyramide est elle-même un hiéroglyphe.

Lorsque l'on examine aussi bien les « barques solaires » que le Temple dit du Sphinx, avec des blocs de 100 tonnes, on peut valablement s'interroger.

À quoi sert une barque longue de 45 mètres, parfaitement équipée avec des dames de nage, longues de 4 mètres, une cabine centrale aménagée pour recevoir des initiés de marque. Alors que cette barque n'est censée naviguer sur aucun lac, ni aucun fleuve. Ainsi que des voiles pour naviguer en haute mer ?

À quoi sert un temple avec des murs de 100 tonnes alors que des blocs de 20 tonnes -voire même moins- aurait suffi à l'édifier ?

Entre parenthèse, la parfaite inutilité de ces éléments saute aux yeux, même si l'on admet qu'ils ont un sens symbolique très poussé, mais sans que l'on soit capable de le discerner.

De la même manière, les couloirs dits d'aération situés respectivement dans la chambre de la Reine et dans la chambre du Roi semblent ne servir à rien, surtout les premiers longs de plus de 25 mètres apparemment, car ils ne débouchent sur rien et ne traversent ni la pyramide ni les murs de revêtement.

Ils ne servent pas non plus de lunettes d'observation pour détecter Sirius ou Orion. Normalement, ils devaient être longs d'au moins 40 à 50 mètres, sauf s'ils ne débouchent dans quelques caches secrètes ou chambres dissimulées. Mais à quel usage ?

Bref, nous pouvons retourner dans tous les sens ces contours, cette barque, ce temple, sans parvenir à en discerner les motifs.

Une barque aussi « parfaite », c'est-à-dire susceptible véritablement de naviguer, mais destinée à rester immobile, sans passager, ni rameur, doit être « inutile », et pourtant elle ne l'est pas.

De la même manière, dans un autre chapitre nous avons évalué que l'ensemble de 2.500.000 tonnes de blocs de granit ou calcaire étaient situés dans la partie basse de la pyramide, c'est-à-dire **en-dessous** de la chambre du Roi qui s'élève seulement à 40 mètres de hauteur.

Donc, la partie supérieure, c'est-à-dire comprise entre 40 et 147 mètres, de quoi est-elle faite ?

Uniquement de pierraille, de mortier, de gravats, d'autres blocs de granit ?

Certainement, mais pourquoi élever une pyramide de grès de 150 mètres de hauteur, **si elle ne contient rien à partir de 40 m^2** ?

Il a été calculé que ces blocs, dont on ne sait rien, correspondraient à environ 9 millions de m^3 d'espace pouvant donc parfaitement contenir, protéger, cacher, des dizaines de chambres secrètes ou de grandes galeries. Et pourtant on n'a toujours rien retrouvé ? Pourquoi ?

Il faut à présent revenir à nouveau sur la Grande Galerie, un autre miracle architectural. Pourquoi ?

Cette Grande Galerie fait 50 mètres de longueur, est haute de 8 mètres et large de 3 mètres. Et on s'est logiquement demandé « Mais à quoi sert-elle ? ».

Réponse imprudente « Mais tout simplement à hisser les blocs de granit jusqu'à la chambre du Roi ».

Autre question : « Mais pourquoi celle-ci n'est-elle pas directement en ligne droite avec cette galerie ? ».

Réponse : on ne sait pas.

Autre question indiscrète : « Mais alors pourquoi est-elle en pente et non horizontale ? ». Si on a effectivement construit le tout autour de ce périmètre, on aurait pu très bien la placer horizontalement ?

Réponse : on ne sait pas.

Car, on ne sait toujours pas pourquoi aucun large couloir, ou corridor, ou autres galerie, ne permet pas de passer, **directement,** dans cette galerie. Pourquoi on est obligé de « ramper » sur 100 mètres, d'être courbé à 80 centimètres du plafond pour y accéder.

Et alors les constructeurs, comment ont-ils fait pour hisser/tracter les blocs de la Grande Galerie, comme ceux de la chambre du Roi ?

Là s'arrête le jeu des questions stupides et des réponses simplistes.

Pour revenir à ces mégalithes de 100 tonnes, est-ce à dire que la civilisation les ayant assemblées pour « construire » le Temple, dit du Sphinx, disposait d'une technique incroyable, plus puissante que la plus puissante des grues existant actuellement, incapable de lever plus de 80 tonnes, d'après les informations recueillies.

Pour signifier l'érosion du corps du Sphinx, indépendamment des vents du désert, la plupart des auteurs avancent trois hypothèses :

1. Une érosion maritime –telle que décrite par Hérodote- avec l'idée d'un enfouissement sous les eaux, à une époque très ancienne ;
2. Une érosion provoquée par les crues du Nil. Mais, là encore, le plateau de Gizeh est situé -ou était situé- à 30 mètres au-dessus du fleuve, même en des temps très reculés. D'autre part, jamais les crues, même les plus fortes, les plus imprévisibles, n'ont atteint plus de 15 mètres de hauteur d'alluvions.

Le Sphinx a été sauvé paradoxalement par son ensevelissement sous les sables. Des montagnes de sable semblent l'avoir totalement recouvert, même sous la IVème dynastie, et, par la suite, sauf deux ou trois de ces tentatives de désensablement, rien n'aurait été tenté.

D'abord, c'était un travail titanesque, plus ou moins réussi, et il fallut attendre la moitié du XIXème siècle pour que l'opération réussisse.

La conclusion évidente est que personne n'a jamais voulu ou pu effectuer des fouilles sérieuses autour du Sphinx, ou sous sa masse imposante, faute de matériel approprié.

Le désensabler, cela veut dire non seulement enlever des montagnes de sable et de pierraille, mais également creuser tout autour de cette cyclopéenne statue pour empêcher à nouveau les mêmes ravages.

Ce qui aurait pu permettre de découvrir des « entrées » secrètes ou des souterrains que l'on a pu chercher, sans les trouver pendant longtemps.

Il reste sur le Sphinx d'innombrables hypothèses. Nous en retiendrons une.

L'Univers n'existerait, selon les astrophysiciens contemporains, que par la propagation des sons émis par les éléments le constituant -gaz, planètes, météorites, etc...- suivant la fameuse musique des sphères, que d'anciens nomment la lyre cosmique.

Dans cette hypothèse, un météorite, d'une taille colossale, serait venu s'écraser sur la terre d'Égypte pour partiellement l'ensemencer. En ce moment même des étoiles géantes -dites fantômes- nous percutent régulièrement en nous passant au travers sans que nous en ressentions les effets dommageables, sauf une légère trépidation. Nous ne les voyons pas, mais les observatoires géants des Andes en enregistrent les vibrations.

De loin, comme de près, ce gigantesque météorite, profondément enfoncé dans le plateau rocheux de Gizeh, devait ressembler à une étrange forme mi-animale, mi-humaine, que les égyptiens n'avaient encore jamais connue.

En émettant, de surcroît, des sons d'une terrifiante intensité, suivis d'un rayonnement des plus aveuglants au point de terroriser les populations avoisinantes. Car jamais, même si la date plus ou moins exacte du Sphinx nous est connue dans les premiers âges, les hommes ne disposèrent d'une machine capable de l'extraire de sa gangue rocheuse.

Il est généralement admis que sur ces socles, de part et d'autre de la Grande Galerie, étaient situées les statues des pharaons ayant régné avant Khéops, et ce, depuis Ménès, soit, avec quelques marges d'erreurs, 14 de chaque côté.

Ces pharaons auraient indiqué alors à ce pharaon le chemin pour accéder à l'Éternité, dans la mesure où la Grande Pyramide n'est pas un temple funéraire.

CHAPITRE XXVII

L'énigme du Sphinx

Quelques milliers d'années avant la IVème dynastie, au moment de l'équinoxe de printemps, la constellation du Lion, telle que décrite et inscrite dans le zodiaque de Dendérah, s'est levée à l'Est et les premiers astres étaient couchés sur la ligne d'horizon, à hauteur de vue du Sphinx, **qui ne l'était pas encore**.

Paradoxalement, les égyptiens de cette période néolithique avaient sous les yeux le renflement puissant d'une énorme arête rocheuse émergeant du plateau rocheux de Gizeh, descendant lentement vers le fleuve. Et **surmontée d'une tête** ? Déjà ?

La forme rocheuse évoquant donc irrésistiblement le dos d'un lion couché, endormi, c'est-à-dire les yeux grands ouverts, les pattes allongées. Mais, à dire vrai, un lion colossal, 70 mètres de longueur, 20 mètres de hauteur, lequel fut désensablé et détourné de sa gangue rocheuse, et une largeur de 8 mètres. Un animal terriblement impressionnant, pratique- ment vivant.

Et depuis, ces égyptiens des premières générations, pharaons de toutes dynasties, simples fellahs, et aujourd'hui les égyptologues et archéologues en renom, fouillent, font des investigations, creusent, plus ou moins en secret et plus ou moins de succès, pour finalement ne rien trouver. Ni à côté, ni en-dessous de ce corps massif de lion, et encore moins sous les pattes avant.

Et pourtant… ?

Est-ce parce que cette terre a subi, depuis ces milliers d'années, d'importantes révolutions sous forme de convulsions des plaques tectoniques, ou de raz de marées terrestres ?

Ou pour toutes autres raisons ?

Envahissements des flots d'un océan déchainé, tempêtes si violentes de sable qu'elles parvinrent à effacer toute trace, tout vestige de la civilisation. **Mais qui fit**, ou, **qui découvrit**, cette statue cyclopéenne.

S'il y a un secret, il ne se dissimule nulle autre part qu'à partir de ce Sphinx, statue dont la forme, pourtant n'a aucun équivalence dans la nature des animaux, ou des êtres ayant vécus sur cette terre. Ce n'est donc pas même un souvenir d'une ère géologique et disparue depuis des millénaires.

L'objectif final de la Grande Pyramide et du Sphinx, - quelle que soit l'origine de cette figure monumentale, humaine ou surnaturelle- n'a jamais été d'être la sépulture du plus grand des pharaons. C'était un moyen de rejoindre l'Au-delà des origines.

Mais comment ?

La Grande Pyramide a pu ainsi servir de chemin vers l'Éternité pour des dizaines de pharaons, aussi bien des dynasties dites divines, que celles succédant à Ménès.

La chambre de Khéops, les couloirs secrets -dits d'aération- sont des points de **contact** entre le visible et l'invisible. Passer devant, ou dedans, consistait en un itinéraire obligé. Oui, mais comment était-on parvenu à pareil résultat sans en avoir une confirmation, c'est-à-dire que, là encore, personne, et encore moins les dieux ancestraux, n'en est revenu ?

Indiscutablement, le Livre des Morts, dont la datation demeure encore imprécise, a été inspiré par le Sphinx dont l'énigmatique silhouette fait projeter sur l'Au-delà une perspective inattendue.

Bien évidemment, les égyptiens attribuèrent au dieu Thot, le messager des dieux, les principaux sujets traités dans ce Livre des Morts. Car l'Au-delà y est effectivement présent à chaque chapitre, comme la possession/la promesse donnée aux vivants de renaître enfin. Le passage sur terre étant, peut-être, une punition, une épreuve qui éclipsait, provisoirement, toutes les potentialités du défunt à venir.

Citons immédiatement le grand médecin arabe Abd-Al-Latîf, qui vécut au XIème siècle, fort connu à l'époque et toujours aujourd'hui. Notamment pour sa relation du Sphinx et les « décors » de celui-ci.

« On nomme cette figure Abou Houl ou Belkouchia », qui veut dire « Un homme qui a le cœur dans les yeux ». On voit sur sa figure une teinte rougeâtre et un vernis rouge, qui a l'éclat de la fraicheur[19].

---

[19] Abd-Al-Latîf – p. 179 – (traduction française de Silvestre Sacy).

Au cours des épreuves d'initiation, dans les sociétés à mystères, comme en Franc-maçonnerie, l'impétrant est placé devant un tableau ou une stèle représentant des lettres, des mots, des chiffres et il doit impérativement répondre sur leur signification.

Plaçait-on, à l'époque archaïque ou dynastique, l'initié égyptien devant le Sphinx en lui demandant ce qu'il représentait pour lui ?

Auparavant, il était possible qu'on lui ait enseigné que la terre avait vécu différemment après que les dieux soient venus de l'espace, s'y étaient peut-être fixés un moment, sur terre, puis étaient repartis ou avaient disparus.

Le règne animal fut donc étudié, tout autant que le règne végétal et minéral, lorsque les dieux décidèrent de venir sur terre, pour se faire comprendre et reconnaître.

Étaient-ils obligés de revêtir une forme corporelle que les humains de l'époque pouvaient parfaitement reconnaître ?

À savoir une tête d'animal, et éventuellement un corps d'animal ? Par exemple, un faucon, un bélier.

Leurs visages étaient-ils entourés d'une aura, semblable à l'auréole des saints du christianisme ? Toujours pour être correctement identifiables.

Les dieux pouvaient leur sembler grands.

N'est-ce pas ce qui se passe avec les astronautes revenant de l'espace, plus grands que lorsqu'ils sont partis de la terre ?

Que pouvait alors, répondre l'initié, sur ce genre d'informations ?

Vraisemblablement que le Sphinx pouvait représenter, successivement, les différentes périodes de formation de la vie humaine, succédant aux règnes animal, végétal et minéral.

Que, de plus, l'apparence toujours vide de sens, c'est-à-dire inattendue, d'un corps d'animal et d'une tête humaine qui en émergeait -c'est-à-dire vraisemblablement tardivement- correspondait aux animaux célestes dont il avait la configuration dans les cieux nocturnes.

De plus, il pouvait ajouter que la représentation très figurée d'un humain, pouvait s'articuler entre des corps différents, c'est-à-dire plastique, éthérique et astral. Que ce corps avait encore des limbes spirituels, entourant sa descente dans la matière, sur cette terre.

Étaient-ce déjà des bonnes réponses ?

Pourquoi cette gigantesque statue est-elle si étrange ?

N'évoquait-elle pas des animaux mythiques si l'on écarte -car figurés trop simplement- le corps d'un lion ou de forme d'animaux terrestres ayant disparu il y a des dizaines de milliers d'années, à une époque où précisément les animaux régnèrent et vécurent **avant** les hommes. Donc à des stades différents de ceux de l'homme.

Ce Sphinx symbolise à l'évidence un mystère, l'invisible pour nous, car nous sommes toujours incapables de le décrypter.

Mais le symbole n'est-il pas, en règle générale, l'image d'un évènement ayant réellement eut lieu ou à venir, et que l'on ne peut visualiser, comprendre, interpréter que si on se projette dans un monde spirituel ?

Il est invisible car il fait en quelque sorte partie du paysage rocheux, calme, attentif aussi. Et clairvoyant car les yeux de son visage humain sont grands ouverts. Mais s'il était un lion, il dormirait car le lion garde les yeux ouverts dans son sommeil.

Le lion est le souvenir d'un type humain, chez qui le spirituel a, un instant, dominé l'astralité et la volatilité en pouvant avoir des ailes l'assimilant à l'Aigle de l'Apocalypse si on lui adjoignait effectivement des ailes latérales ou si les antérieures étaient autrefois elles-mêmes des ailes.

La queue du lion qui, dit-on, aurait été rapportée plus tardivement représenterait, elle, un serpent. Un serpent ailé du type amérindien ou un cobra ailé. On le voit, les transfigurations sont innombrables, et il ne faut pas pour autant céder à la facilité.

Le **Sphinx** a-t-il été construit par Khéphren ? Lorsque l'on visualise sa position vis-à-vis de la deuxième pyramide, on est obligé de s'apercevoir que l'on a dû construire en diagonale par rapport à la pyramide, la chaussée royale, car il était quasi impossible de la faire perpendiculaire, car on se serait immédiatement heurté au Sphinx.

Toujours en visualisant bien le plateau rocheux, au-dessus du cours ancien du Nil, on est contraint de s'apercevoir que le Sphinx a été « évidé », déterré » de la masse rocheuse. Donc il a été construit à **l'intérieur** d'une masse rocheuse qui, vraisemblablement, devait dépasser, en arête, par rapport au plan du plateau, lui donnant plus ou moins vaguement l'allure du dos d'un lion.

Il a été quelque fois suggéré d'effectuer des prélèvements sur ce qui s'apparenterait le plus à du mortier pour jointoyer les pierres et de la façade et du corps. Car si l'on retrouvait des échantillons sous forme de vestiges, même infinitésimaux, de pollens ou d'insectes, peut-être pourrait-on procéder par élimination afin de retrouver d'abord le rythme et le cycle des saisons, donc une certaine continuité dans la construction.

Et la datation, tout comme pour la Grotte Chauvet en Ardèche, permettrait de fixer une date approximative de son élaboration.

La statue de Khéphren, avec l'oiseau-faucon sur la nuque est envoûtante. Son nom signifie « Ré-quand-il se lève ». Toutefois aucun évènement marquant ne paraît avoir marqué le règne de ce pharaon qui a pu régner 30 ans environ. Car un laps de temps s'est écoulé entre son avènement et la « mort » de Khéops.

C'est là qu'intervient le règne historique de Didoufri - de 2.528 à 2.520-. Quoique certains égyptologues en dénient le fait.

Sa pyramide -qui pour l'ensemble des voyageurs est identique à celle de Khéops- ne l'est pas du tout. Elle mesure 40 mètres de moins en hauteur et sa pente est beaucoup plus raide. Sans parler des aménagements intérieurs -plus de 2.000 m^3 de vide pour Khéops- et qui là, n'existent pas.

Revenons sur le Sphinx.

Cependant, le temple bas, dit funéraire, dit du Sphinx est une œuvre colossale, avec des blocs de plus de 120 tonnes : mais à présent nous savons qu'il concerne le Sphinx et non le Roi Khephren. Son temple, lui, est situé plus haut et totalement détruit, mais avec lui aussi des blocs dépassant les 60 tonnes.

Le Sphinx -en égyptien *Shesep Ank* signifie « image vivante ». Par ailleurs l'épithète d'Atoum le dieu créateur de l'Univers- ne peut pas donc lui être accordé comme son œuvre.

En dehors des éternelles questions sur sa signification exacte sur ses « créateurs », sur la façon dont il a été élaboré, certains points de détails surgissent inévitablement le concernant.

Il est souvent rapporté qu'il a été quelques fois « désensablé ». Quelques fois est relativement exagéré. Certains pharaons s'y sont employés. Avec difficulté. Ce qui explique la rareté de l'opération. Le Sphinx est à 20 mètres de hauteur par rapport au socle rocheux. Tout ceci est très visible où l'on aperçoit bien la déclivité naturelle et son enfouissement primitif.

La hauteur du Sphinx fait beaucoup pour son énigme car se pose toujours le problème de savoir si la tête du pharaon a été, ou non, représentée sur ce corps à forme de lion. Si celle-ci n'existait pas, elle a pu être « visible dans l'invisible », c'est-à-dire avoir une forme plus moins différente du corps, pour ceux qui regardaient cette phénoménale statue.

Si le lion existait déjà l'époque de la création, pourquoi une tête de lion n'a-t-elle pas été placée simultanément ?

Un jour -mais quand ?- un pharaon, ne voyant plus que le visage ou une partie de la tête émergée du sable, a juré d'enlever le sable le recouvrant. Une tâche des plus ingrate, et surtout quasiment impossible avec les moyens de l'époque : quelques pelles, pioches, etc... et c'est tout. L'œuvre a dû demander des années, d'autant que les vents très forts, et les secousses du sol, ramenaient inexorablement le sable.

Tâche impossible, mais deux/trois fois on y serait parvenu. Au XIXème siècle, seul le visage émergeait. Ce qui peut permettre une meilleure conservation ou préservation du reste.

Quant aux pattes, elles semblent avoir été élaborées par la suite, comme pour donner une meilleure image d'un lion corporifié. Par la suite, cela peut vouloir dire il y a 5.000 ans, ou hier, car elles paraissent trop jeunes, trop longues, trop larges. Bref trop modernes.

À l'extrémité des pattes, les vestiges d'un temple, dont on ne parle guère, et pourtant il devrait susciter l'émerveillement, car on y trouve des blocs de grès de 100 tonnes dans sa construction.

Ce qui permet d'asseoir l'hypothèse que ce temple a pu être construit soit à la même époque, soit à l'époque de la construction de la Grande Pyramide.

Comme pour expliquer le transport -toujours par voie d'eau ?- du granit d'Assouan.

Il est manifeste, en conclusion très provisoire, sur son mystère, n'ayant jamais retrouvé des antécédents à cette colossale statue -comme pour les pyramides- qu'il ait surgi tel quel.

CHAPITRE XXVIII

Les Textes des Pyramides

Pharaon n'est pas un humain, un homme terrestre, mais une synthèse de puissance, d'abord cosmique puis divine. Il est par essence un être universel. Différent du Livre des Morts, les Textes des Pyramides, tels qu'ils nous sont offerts, présentent des passages que des auteurs qualifiés, dont C. Jacq, s'efforcent de clarifier et d'en faire une exégèse compréhensible car, là encore, ce sont des phrases lapidaires.

L'Au-delà est évidemment partout présent, sous quelque forme que ce soit : géographiquement, car des cartes se dessinent, des lieux sont présents, un certain monothéisme. Dieu est inconnu, et il n'a pas de nom. Avec cette nuance de taille pour les humains : « Au ciel **on vit** : sur terre **on existe** ».

De ce fait, l'existence sur terre, comme cet ouvrage à maintes reprises, le rappelle, est un passage obligé certes, mais pareillement un leurre. Elle ne correspond absolument pas à la vraie vie. La mort du Roi n'existe tout simplement pas. Il est donc écrit « Pharaon, tu n'es certes pas parti, par la mort. **Tu es parti vivant** ».

D'ailleurs ce sera le leitmotiv de la légende de Khéops. Le Pharaon dont on n'a jamais retrouvé la sépulture. Il serait monté, vivant, dans les cieux, rejoindre les dieux.

Le transfert, dit aquatique ou maritime, évoque également la notion de passage, il faut un passeur et un moyen de passer. Ce sera la barque et malheur à celui qui en serait dépourvu.

La présence d'animaux célestes dans le ciel nocturne, reproduisant même physiquement les animaux terrestres, ne doit pas surprendre car les animaux, étant seulement des **mutations spirituelles** Ainsi le Faucon, que l'on retrouve partout dans l'art pictural et la sculpture au regard profond parce qu'il voit très loin, alors que le plus grand des dieux-animaux est le Taureau, à qui il est demandé de donner à Pharaon une énergie formidable.

Différemment du Livre des Morts, mais toutefois avec les mêmes mots, et surtout la même mentalité derrière ces mots, les Textes des Pyramides portent, à l'évidence une œuvre purement spirituelle. Dès lors, elle peut désorienter, étonner, surprendre. C'est une œuvre de visionnaires, au pluriel, car ils sont plusieurs à les avoir lentement élaborés.

Pour l'égyptien des premiers âges, être un visionnaire c'était faire preuve d'une nouvelle orientation de sa vie par la vision de l'Au-delà retrouvé.

Nous parlions de Devenir à propos du Livre des Morts, mais c'est exactement le même problème, car ces Textes, quels qu'ils soient, et la date à laquelle ils ont pu être gravés, sont ouverts sur un monde que nous ne connaissons guère plus.

La majorité des formules, ici, assurent que Pharaon ne peut mourir. Toutefois, d'autres textes attestent que le corps de Pharaon ne connaîtra pas de décomposition, ce qui peut paraître contradictoire, mais qui ne gêna nullement les égyptiens des premières époques.

Au final, Pharaon s'élèvera vers les cieux en grimpant soit une échelle, soit un escalier, ce qui peut représenter la façade d'une pyramide hors de sa plaque de revêtement.

Les Textes des Pyramides peuvent paraître ennuyeux par leurs incessantes litanies. Il faut d'abord bien comprendre qu'ils n'ont pas été rédigés par un ou plusieurs scribes, initiés d'ailleurs, mais sur des décennies, et donc par des dizaines de prêtres.

Lentement, comme les alluvions du Nil. S'il s'agit bien d'un long monologue, ils décrivent bien, spontanément, ce qui a été l'Égypte à l'époque néolithique.

N'annoncent-ils pas -notamment celui du numéro 1468- les rois de la Basse Égypte -situés à Bouto, dans le delta- qui furent les souverains protohistoriques ayant régné **avant** la réunification établie par la Ménès.

Conclusion

Comment, dès lors, peut-on correctement considérer, apprécier, admirer, l'Égypte des premiers temps à partir du moment où la civilisation de l'Au-delà fut vécue comme une sorte de « religion », cependant pourtant inconnue dans le monde de l'époque et que l'on ne retrouvera jamais.

Une pyramide, car très vite les égyptien l'imaginèrent non plus comme un acte de foi -comme le sera plus tard la cathédrale- mais parce qu'elle requérait sur les 25/30 ans de sa construction beaucoup plus d'hommes que n'en contenaient les villes riveraines du Nil.

Une contribution généralisée, collective, car tous les temples ou pyramides furent toujours beaucoup plus imposants que n'importe quelle bourgades des environs.

Les drames dans le ciel ont leur correspondance sur terre, bien souvent aussi les mêmes acteurs. Témoin Osiris, pharaon des premières dynasties divines, avec un important rôle politique.

Tout était donc double dans l'Univers égyptien, le visible comme l'invisible, et c'est bien pourquoi l'Au-delà, le séjour des morts, là où le soleil s'était levé souvent, devient beaucoup plus important que la vie terrestre.

Seth n'est pas « le coupable idéal », mais « l'adversaire obligé » le double tout simplement d'Osiris, le verso du recto de tout livre. Et c'est pourquoi les hiéroglyphes sont écrits de haut en bas, et de la droite vers la gauche.

Dynastie des dieux, dieux ancestraux, dynasties demi-divines et puis Ménès. Avec, de temps en temps, des initiés pour que l'Anamnèse, la mémoire de toutes les mémoires, ne se perde pas. Ce ne furent pas nécessairement des « bâtisseurs » des « ingénieurs », mais des « **hommes-souvenirs** » susceptibles d'orienter précisément tout travail d'architecture -et la mort en est une- dans le bon sens.

Eurent-ils un corps d'homme et une tête d'animal ?

Eurent-ils un corps d'animal terrestre, allié à un volatil comme le cobra-ailé ?

Ou plus exactement un corps de lion avec une tête de pharaon ?

Les énigmes demeurent.

Et c'est tant mieux.

Sources bibliographiques

ABD-AL-LATIF
Relation de l'Égypte Traduction française Sylvestre de Sacy, Lyon, Sainte de Géographie, 1810

BENOIST-MÉCHIN Jacques
Le Printemps Arabe, Éd. Albin Michel, 1974

BUCK Adriaan de
Textes des Sarcophages, 7 volumes, 1935, Chicago
The Egyptian Coffin Texts (pour mémoire, cité par M. ... dans l'ouvrage cité).

DRIOTON Étienne et VANDIER Jacques
L'Égypte des origines à la conquête d'Alexandre, P.U.F., 1938

GUILMOT MAX
Le message spirituel de l'Égypte Ancienne aux cieux, Éd. Du Rocher, 1970

HÉRODOTE
Histoires – Livre II, Les Belles Lettres, 1936

HUGOT Henri-Jean
Le Sahara avant le désert, Éd. Hespérides, 1974

JACQ Christian
La Tradition Primordiale de l'Égypte Ancienne, Éd. Grasset, 1998

KOLPAKTCHY Grégoire
Livre des Morts des anciens égyptiens, Dévry, 1979

MARIETTE Auguste
Des dieux et des Tombeaux

Description de Dendérah, Éd. Franck, 1875

MASPERO Gaston
Histoire ancienne des peuples de l'Orient, Éd. Hachette, 1875

MAYOU Jean
Le Secret des pyramides des Temples
À voir à la bibliothèque

MENDELSSOHN Kurt
L'énigme des Pyramides, Éd. Tallandier, 1974

MEYER Édouard
Histoire de l'Antiquité égyptienne, Vol. 2 - Éd. de 1909

MORET Alexandre
La Renaissance du Live, 1926

MORGAN (de) Jacques
Recherches sur les origines de l'Égypte, Éd. Leroux, 1877

ROLLAND Jacques
Le Symbolisme Maçonnique de l'Ancienne Égypte, Éd. Trajectoire, 2016

ROLLAND Jacques
Qui fut le Grand Architecte d Khéops ?, Éd. Cépaduès, 2017

STEINER Rudolf
L'Apocalypse, Éd. Centre Triades, 1982

WINAND Jean
Les hiéroglyphes égyptiens, P.U.F., 2013

Du même auteur

Les mines d'or du Roi Salomon

L'Arche l'Alliance, Éd. Omnia Veritas, 2018

Le symbolisme maçonnique de l'Ancienne Égypte, Éd. Trajectoire, Escalquens, 2016.

Le lourd secret des Templiers, Éd. Trajectoire, Escalquens, 2015.

Des Templiers à la Franc-maçonnerie : les secrets d'une filiation, Éd. J'ai lu, Paris, 2015.

Versailles, le rêve maçonnique d'un roi. : L'entrée ouverte au palais fermé d'un roi, Éd. Trajectoire, Escalquens, 2014.

La Franc-maçonnerie féminine dans la Révolution française, Éd. Trajectoire, Escalquens, 2013.

Les templiers : les archives secrètes du Vatican, Éd. J'ai lu, Paris, 2013.

Symboles maçonniques, symboles templiers, Éd. Maison de Vie, Paris, 2013.

Le tablier ne fait pas le maçon : l'idéal maçonnique en question, Éd. Trajectoire, Escalquens, 2012.

Les Francs-maçons dans la Révolution française, Éd. Trajectoire, Escalquens, 2012.

Des templiers à la franc-maçonnerie, Éd. Trajectoire, Escalquens, 2011.

L'assassinat programmé des Templiers [Nouvelle Éd.], Dervry, Paris, 2011

Le chevalier à la Rose : le chevalier à la Rose+Croix du 18° degré [2° éd.], Éd. Véga, Paris, 2011.

Le miroir de l'initiation ou Le retour aux origines, Éd. Maison de Vie, Paris, 2011.

Le Chevalier à la rose, Éd. Véga, Paris, 2010.

Le véritable trésor des Templiers, Éd. Trajectoire, Escalquens, 2010.

Espérance et foi d'un franc-maçon, Éd. Maison de Vie, Paris, 2009.

Traité du détachement, Éd. Maison de Vie, Paris, 2009.

Arche d'Alliance.doc : thriller Éd. G. Trédaniel, Paris, 2008.

Les templiers : archives secrètes du Vatican, Éd. Trajectoire, Escalquens, 2008.

La maçonnerie peut-elle donner un sens à l'Univers ?, Éd. G. Trédaniel, Paris, 2007.

L'assassinat programmé des Templiers, Éd. Dervry, Paris, 2006.

Les grands maîtres de l'Ordre du Temple, Éd. Dervy, Paris, 2004.

Genèse de l'Univers et intuition maçonnique, Éd. Dervy, Paris, 2002.

La Fraternité de la Rose, Éd. Dervy, Paris, 2001.

L'assassinat programmé des Templiers, Éd. La Table d'Émeraude, Paris, 2000.

Les Templiers du troisième cercle, Éd. Dervy, Paris, 1999.

L'Ordre noir des Templiers, Éd. traditionnelles, Paris, 1997.

OMNIA VERITAS

www.omnia-veritas.com

www.ingramcontent.com/pod-product-compliance
Lightning Source LLC
Chambersburg PA
CBHW050804160426
43192CB00010B/1634